노후 없음

당신의 노후는
안녕할 수 있겠습니까

씽크
스마트

셀프헬프
self·help
시리즈㉒

"나다움을 찾아가는 힘"

사람들은 흔히, 지금의 내가 어제의 나와 같은 사람이라고 생각한다. 이것만큼 큰 착각이 또 있을까? 사람들은 매 순간 달라진다. 1분이 지나면 1분의 변화가, 1시간이 지나면 1시간의 변화가 쌓이는 게 사람이다. 보고 듣고 냄새 맡고 말하고 만지고 느끼면서 사람의 몸과 마음은 수시로 변한다. 그러니까 오늘의 나는 어제의 나와는 전혀 다른 사람이다. 셀프헬프self·help 시리즈를 통해 매 순간 새로워지는 나 자신을 발견하길 바란다.

노후 없음

당신의 노후는 안녕할 수 있겠습니까

초판 1쇄 인쇄 2022년 5월 24일
초판 1쇄 발행 2022년 5월 29일

지은이. 이종욱
펴낸이. 김태영

씽크스마트 미디어 그룹
서울특별시 마포구 토정로 222(신수동) 한국출판콘텐츠센터 401호
전화. 02-323-5609
웹사이트. thinksmart.media
인스타그램. @thinksmart.media
이메일. contact@thinksmart.media

• **씽크스마트.** 더 큰 세상으로 통하는 길
'더 큰 생각으로 통하는 길' 위에서 삶의 지혜를 모아 '인문교양, 자기계발, 자녀교육, 어린이 교양·학습, 정치사회, 취미생활' 등 다양한 분야의 도서를 출간합니다. 바람직한 교육관을 세우고 나다움의 힘을 기르며, 세상에서 소외된 부분을 바라봅니다. 첫원고부터 책의 완성까지 늘 시대를 읽는 기회로 책을 만들어, 넓고 깊은 생각으로 세상을 살아 갈 수 있는 힘을 드리고자 합니다.

• **도서출판 사이다.** 사람과 사람을 이어주는 다리
사이다는 '사람과 사람을 이어주는 다리'의 줄임말로, 서로가 서로의 삶을 채워주고, 세워주는 세상을 만드는데 기여하고자 하는 씽크스마트의 임프린트입니다.

• **진담.** 진심을 담다
진담은 씽크스마트 미디어 그룹의 인터뷰형 홍보 영상 채널로 '진심을 담다'의 줄임말입니다. 책과 함께 본인의 일, 철학, 직업, 가치관, 가게 등 알리고 싶은 내용을 영상으로 만들어 사람들에게 제공하는 미디어입니다.

ISBN 978-89-6529-319-4 (03320)

• 표지 캘리그라피. 차상 (zz042400@naver.com)
• 표지 사진 출처. https://kr.freepik.com

노흘
멇곰

추천사

I am delighted to recommend to the readers a book by Jong-Uk Lee, a remarkable photographer, a man who loves nature, a sensitive and insightful observer and friend.

The reviewed publishing proposal is characterized by a high cognitive level and contains valuable suggestions and thoughts by the author about one of the most difficult stages of human life, which is an old age. The aging process is an inevitable stage in our life thus it is a universal issue. Author's presentation of this problem contains a psychological and philosophical aspect, but it also brings the perspective of his own experience, gives us a valuable, comprehensive and insightful look at what each of us will may experience in our old age. Analyzing many obvious difficulties, the author also sees good and bright sides of this stage of life.

He says directly: our old age depends on our mind and can become an extraordinary space of freedom and opportunities for our personal development. Jong-Uk Lee presents an interesting approach to the problem of dealing with aging and the changes it brings. He talks about old age "projecting", the importance of personal experiences, the power of rebirth and a peaceful life. The author uses a beautiful metaphor of being "like a spider", which since antiquity has been a symbol of mystery, strength and growth, a sign that we must pay attention to our life choices that we make every day, remembering that our life weaves its own web every day to create our future in its final phase, knowing that we can simultaneously change it through our choices and "design".

Considering this universal aspect of our life, Jong-Uk Lee invites the reader to discussion and reflection, remembering also about building a social image of the elderly, which is easy to forget in the world of the universal cult of youth. His book is also an excellent practical and therapeutic resource for the reader.

Zofia Ziomek, Ph.D., Professor,
The Diplomatic Academy of the Polish Institute of International Affairs

Zofia Ziomek is the Director of the Training Center in the field of intercultural communication and business negotiation. She gives lectures and conducts training for the management of the companies and organizations. She has conducted research in the USA, Japan, China, Germany and Poland. She also deals with cultural anthropology and problems of international relations. She has been many times rewarded with prestigious awards and distinctions for her charity work.

자연을 사랑하며 섬세하고 통찰력을 지닌 사진작가인 저자의 책에 추천사를 쓰게 되어 기쁘다.

우리 인생에서 가장 힘든 노년기에 대해 저자는 높은 인지 수준으로 귀중한 제안과 생각을 우리에게 제시한다. 노화 과정은 우리 생에서 피할 수 없으며, 세계적 사안이다. 이 사안에 대한 저자의 제안은 심리학적, 철학적 담론을 내포하며 그의 경험은 우리 각자가 경험할 노후에 대해 소중하고 총체적이며 통찰력 있는 면모를 보여준다. 또한 저자는 수많은 역경 사례의 분석을 통해 노후의 긍정적이고 밝은 측면을 재조명한다.

그는 진솔하게 말한다. 우리의 노년기는 마음가짐에 달려 있고 자기계발을 위해 자유와 기회가 되는 각별한 시기일 수 있다고 주장한다. 저자는 나이 듦을 다루는 문제와 이를 변화시키는 방법에 대해 흥미로운 접근법을 제시한다. '노년기의 과업'으로서 개인적 경험과 재창조력, 평온한 노후의 중요성을 강조한다. 저자는 또한 고대로부터 신비와 힘과 성장의 상징인 '거미처럼 살기'라는 아름다운 은유를 사용하여 우리가 매일 선택함에 주의를 기울여야 하고, 우리 생의 최종 단계에서 미래를 창조하기 위해 매일 자신의 그물망을 짤 것을 기억하며, 우리의 선택과 설계를 통하여 즉각적으로 변화시킬 수 있음을 인지해야 한다고 설파한다.

세계적인 추세를 고려하여, 저자는 젊은 세대의 주도적인 세상에서 잊기 쉬운 노인상의 사회적인 구현을 기억하도록 독자를 토론과 성찰로 초대한다. 또한 이 책은 탁월하고 실천적인, 독자를 위한 치유적 자원이다.

소피아 지오멕, 폴란드 국제외교대학교 다문화교류 및 협상 교육센터 교수

I am sure this new book of yours has been written for me. Just like Polaris in darkness, this book is a vital compass in our 21st century odyssey. The publication of the book is very timely. I really praise the author's courage to write about his experiences including the joys and sorrows of old parents, and he boldly presents a case of overcoming his old age. Moreover, this book will be a precious gift of the readers, which includes an encouraging design and experience in old life.

Shuichi Koyama, Retired associate professor at Kansai Medical University

저자의 책은 나를 위한 것임에 틀림이 없다. 어둠 속에서 나타난 북극성처럼 우리의 21세기 여행에 필요한 나침반이며, 이 책의 출간은 매우 시의적절하다. 나는 저자가 부모에 대한 애환을 포함한 경험에 대해 저술한 용기와 그의 노후에 대한 극복 사례를 과감하게 서술한 점에 진정 찬사를 보낸다. 더구나 이 책은 노후에 대한 고무적인 설계와 체험담을 담고 있어 독자에게 소중한 선물이 될 것이다.

슈이치 고야마, 전 간사이 의과대학교 교수

품격 있는 노후는 그냥 오지 않는다

퇴직 무렵에는 지나온 삶을 정리하고 그것을 온전히 책에 담고 싶은 욕망이 생긴다. 저자 이종욱이 그러했다. 나는 저자를 퇴직예정자 대상으로 진행하는 저술 과정 프로그램에서 처음 만났는데 그는 노후를 주제로 책을 쓰고 싶어 했다. 나는 반신반의했다. 카우보이 모자가 잘 어울리는 아직은 싱싱한 훈남이 노후를 주제로 책을 쓰고 싶어 하다니. 사정을 들어보니 충분히 그럴 만한 이유가 있었다. 그에게 지난 십 년은 부모의 노환과 끊임없는 사고를 감당하느라 버티기 힘든 인고의 시간이었다. 노년의 무료함과 고독에 힘들어 하는 아버지를 지켜보면서 저자는 노후의 문제를 자신의 문제로 받아들인다. 아버지의 노후 모습을 보면서 노후 준비가 필요하다는 것을 절감한다. 그래서 그는 책을 쓰면서 자기 입 안의 가시를 제거하고 싶어 했다. 이 책은 그런 절실함으로 탄생했다. 나는 좋은 책의 기준 하나를 알고 있다. 그것은 책의 첫 독자가 자기 자신인 책이다. 이 책은 그런 책이다.

운이 나쁘면 100세를 사는 시대가 되었음에도 절반의 나이에 직장 문을 나서야 하는 것이 현실이다. 그런데 우리는 전혀 준비되지 않은 채 인생의 오후로 접어든다. 그런데 그보다 더 나쁜 것은 그릇된 전제를 안고 이 길에 들어선다는 것이다. 인생의 오전 프로그램에 따라 인생의 오후를 살아갈 수 없기에 새로운 시각에서 노후에 대한 준비를 하지 않으면 누구도 주목하지 않는 어두운 노년으로 보낼 게 불을 보듯 뻔하다. 저자는 이 뻔한 인생의 궤도에 변화를 주어야 한다고 믿는 사람이다.

많은 사람이 노후 문제를 먼 미래의 이야기로, 자신과 무관한 이야기로 치부한다. 그러면서도 가슴 한 구석에는 노후 생활에 대한 불안감을 가지고 있다. 나이를 먹을수록 불안감은 점점 커진다. 이제 시대가 변해서 젊을 때부터, 늦어도 퇴직 전에는 노후설계를 시작해야 노후 파산을 모면할 수 있다. 노인이 되어 노년의 삶을 준비하는 것은 불가능하지 않은가? 노후 불안을 현재의 준비로 풀어내는 사람은 현명하다. 저자는 노년에 대해 단순히 이론적, 심리적 차원이나 재무설계 관점에서 접근하지 않고 노년기를 있는 그대로 긍정하고 나에게 소중한 것을 추구하며 살아가는 홀로서기 전략을 제안한다. 저자는 구체적으로 자신의 욕망과 강점에 부합하는 일을 진행하면서, 준비가 필요한 항목은 핵심적 실천사항, 유연적 실천사항, 시한적 실천사항이라는 3단계로 구분하여 추진하는 두 개의 수레바퀴 전략(two track strategy)을 짜라고 말한다. 이 제안이 여타의 노후 책과는 다른 이 책의 특별한 매력이다.

피터 드러커는 "인생 2막 준비를 단 한 번에 해결할 수 있는 완벽한 처방전이란 있을 수 없다. 가급적 빨리, 장기적인 관점에서, 체계적으로 준비하는 경력설계만이 유일한 해법"이라고 했다. 나는 이 문장에서 경력설계를 노후설계로 바꾸어도 의미가 달라진다고 생각하지 않는다. 저자는 결론적으로 이렇게 말한다. "나의 노후를 책임질 사람은 바로 나뿐이다." 이제 내가 다스리는 진한 인생으로 전환해서 노후를 맞이할 때다. 이 책을 읽는 이들에게 품격 있는 노후가 다가오기를 희망한다.

직장인이 퇴직 전에 책을 쓴다는 것은 훌륭한 자기계발이며 노후 준비다. 책이라는 자신만의 콘텐츠를 통해 전문성을 확보하고 평생 현역으로 살아갈 수 있도록 전환시키는 작업이기 때문이다. 격려하고 축하할 일이다. 저자는 자신의 문제를 해결하려는 시도를 통해 중년의 직장인들을 위한 노후 준비 로드맵을 제안할 수 있게 되었다. 이것이 이 책의 실용적 혜택이다. 산고 끝에 출산한 이 책이 희망의 징검다리가 되길 소망한다.

오병곤, 터닝포인트 경영연구소 대표, 『회사를 떠나기 3년 전』 저자

"이 책은 노후 문제와 대책을 체계적으로 다루고 있다. 노후의 심리, 노후 설계와 노후 삶, 그리고 나이 듦이 그 것이다. 독자 누구라도 이 책을 집어 들면 저절로 노후 대책을 강구할 희망과 용기를 북돋아 줄 것이다."

이형석, SBS 영상팀 부장, 55세

"린다 그래튼의 『100세 인생』이나 볼프강 프로 징거의 『은퇴』를 읽으면서 무엇인가 우리 정서와 맞지 않은 부분이 있음을 느꼈다. 그런데 저자는 우리 사회의 특징인 부모 봉양 문제와 더불어 누구도 피할 수 없는 자신의 '노후 문제'를 진정성 있고 현실감 있게 이야기하고 있다. 특히 노후 문제에 대해 체계적이고 실천 가능한 맞춤형 노후설계 방식을 제시하고 있어, 막연하게 노후를 불안해하는 독자들에게 큰 도움이 될 것이다. 우리 독자에게 단연코 노후 대책 마련에 꼭 필요한 지침서의 역할을 해낼 것으로 생각된다."

이기환, SKC 부장, 네이버 도서 인플루언서, 49세

"저자는 부모의 노환을 겪은 체험을 매우 긍정적으로 수용한 결과, 내면으로부터 자신의 실천적 노인상을 예리하게 도출해 독자에게 제안한다. 이러한 통찰력과 미래 지향성은 독자에게 큰 선물이 될 것이다."

주인, 전 목원대학교 사회과학대학 학장, 법학박사, 64세

"'젊음은 자연이 준 선물이지만 노년은 자신이 만든 예술 작품'이라는 말을 실천하고 있는 저자는 인생 3모작을 진행 중이다. 이 책은 현재를 살아가고 있는 세대 뿐 아니라 미래를 준비하는 다음 세대가 꼭 읽어야 할 책이다. 노후의 삶은 모든 세대가 공유해야 할 문제이며, 무엇보다도 저자의 실천적 의지와 경험적 제안, 삶의 철학이 우리에게 큰 감명을 준다."

이승은, 숙명여자대학교 교수, 공학·언론학박사, 51세

"노후 생과 죽음의 문제는 우리에게 매우 중대한 사안이다. 저자는 부모에 대한 체험을 통하여 우리에게 실질적인 처방과 대안을 예리하게 도출하여 제시한다. 40대와 50대 독자들에게 유익한 생활 철학과 삶의 의미를 재발견하도록 할 것이다."

최정상, 한림 에이치우드(주) 대표이사, 68세

"저자는 부모의 노환을 통하여 노후대책에 실천적 방안을 자신 있게 제안한다. 더구나 노후에 대한 우리의 심리를 예리하게 파고들어 함께 나아갈 길을 유도한다. 그가 주장하는 '생각의 습관화'는 대단한 명제가 될 것이다."

이인호, 시큐텍(주) 대표이사, 64세

"솔직 담백하고 명쾌한 저자의 사고와 제시 방안이 마음에 와 닿는다. 퇴직을 앞둔 주변인에게 권하고 싶다."

박희천, (주)미래테크 대표이사, 60세

"노후 생활에 대한 확신을 갖게 하는 책이다. 복잡하고 막연한 노후 생에 대한 희망과 자신감을 준다."

이우혁, 신라공업고등학교 교사, 56세

"인생 2막을 위한 3박자인 돈, 건강, 소일거리 등을 이끌어 갈 '노후의 마음가짐'에 방점을 찍는 저자의 주장에 동감한다."

강희욱, 양산시 조기축구회장, 54세

"저자는 노후 생을 부담 없이 여행 가는 방식으로 독자를 안내한다. 현 위치에서 '있는 그대로' 시작해도 된다는 것은 우리에게 큰 위안과 희망을 안겨 준다. 우리가 평소에 놓치는 부분을 명확하게 지적한다."

홍성희, 대구보건대학 사회복지학과 교수, 55세

"우리가 막연하고 불안하게 생각하는 노후 생을 마치 동양화를 그려 나아가듯 설명하고 설득하는 힘이 있다. 저자의 실천 방안은 독자에게 실제로 도움을 줄 것이다."

최경춘, 유오재서예연구소 소장, 서예가, 53세

"저자는 노후 생을 긍정적으로 수용하고 실천하는 노인상을 제시하며 죽음에 이르는 삶의 여정을 망라한다. 노후 생을 다시 생각하는 계기가 되었다."

박원철, 경주시청 시민행정국장, 59세

"자신을 수용하고 있는 그대로 노후를 대비하라는 저자의 제안은 우리에게 희망과 의욕을 생기게 한다. 주위의 지인에게 권하고 싶은 책이다."

서성도, 두양정공(주) 대표이사, 57세

"저자의 체험에 근거한 노후 대책은 우리에게 매우 고무적이다. 노후 생활을 총체적으로 다룬 이 책은 꼭 읽어봐야 할 책이다."

남요식, 한국수력원자력(주) 전무, 59세

"젊은 세대를 포함하여 모든 세대가 읽고 사유해야 할 필요가 있는 책이다. 노후는 우리 모두의 몫이며 우리가 함께 준비해야 할 과제이기 때문이다."

김지연, 한양대학교 겸임교수, 50세

"저자는 노후 생을 심리에서부터 노후설계와 실천, 나이듦의 철학에 이르는 시나리오로 우리를 이끈다. 진정성과 인간애로 녹여낸 그의 제안은 실천 가능함을 바로 보여준다."

김기영, 한국수력원자력㈜ 처장, 55세

"이 책을 집어든 순간 공감되는 부분이 많아 끝까지 읽고 말았다. 멀게만 생각했던 정년과 은퇴가 곧 다가올 현실임을 인지하게 되었고, 노후의 삶에 대한 현실적인 대안과 준비과정이 필요함을 알게 되어 무척 다행이다."

강면규, (주)우리림 조경감리단장, 50세

"저자는 사람과 자연의 교감을 통해 본연의 모습을 찾아가는 과정에서 불안감을 해결하도록 권유한다. 즉 자연 회귀의 의미를 부여함이다. 사람, 자연과의 공존을 위한 외부환경 공간설계가로서 같은 의미를 전달하고 있으며, 이는 안정감 있는 노후 생활로 연계된다. 글이 주는 힘이 이토록 편안하고 따뜻하다니…"

박하주, 환경디자인 가윤 대표, 47세

"젊다고만 생각하여 노후 문제를 심각하게 고려하지 않았다. 이 책은 노후 생에 대하여 나를 일깨워 주었다. 친구와 주변인에게 꼭 권하고 싶다."

현진호, 삼성메디슨 해외영업그룹 차장, 42세

"노후 문제를 다양한 각도에서 조명한 저자의 통찰력은 대단하다. 우리에게 행복한 노후 대책을 강구하도록 서서히 이끈다. 노후 대책의 안내서가 될 만하다."

박주덕, 경기도 안성시 원곡면 면장, 50세

"민감하고 막연한 노후 문제를 저자는 솔직 담백하게 설파하면서 실천적 대안을 제시한다. 매우 설득력이 있으며, 노후를 맞는 우리에게 자신감과 희망을 주는 좋은 책이다."

권오만, 경동대학교 건축디자인학과 교수, 58세

"필자는 공학도로서 停年퇴직을 하고, 年老하신 父母님을 모시던 체험을 중심으로 幸福한 老後에 관하여 쓰고 있는데, Well-aging의 문제에 관심 있는 사람은 꼭 한 번 읽어보면 많은 도움이 될 것이라고 생각한다."

강희복, 연세대학교 철학박사, 61세

"저자는 노후 생에서 노인 자신만이 아니라 젊은 세대에 대한 노인상까지 구현하도록 권유한다. 그의 노후 방안과 인생의 '샛강' 역할은 모든 이들에게 도움을 줄 것이다."

임태우, 수원시청 환경국 하천관리팀장, 50세

"저자는 자연생태를 사랑하는 자로서, 인간도 자연의 일부임을 자각하면서 겸손과 미덕을 강조한다. 특히 자연과 접하면서 자아성찰에 따른 노후 대책을 역설하는 필력은 매우 진지하고 감동을 준다."

홍의겸, (주)홍림조경 대표, 50세

"두려움의 근원은 '무지'라고 했다. 노후도 모르니 더 두려웠던 모양이다. 책을 읽으며 저자의 목소리가 다정하게 들렸다.
'당신의 노후를 미리 보여주겠습니다.'
노후도 미리 읽으니 가볍게 다가온다. 저자는 우리가 가야 할 길을 먼저 다녀온 것처럼 정성을 담아 보여주었다. 내가 맞이할 노후가 기다려진다."

김미자, 경북 경주북카페 책방지기, 55세

"막연한 노후 문제를 솔직한 심정으로 풀어낸 스토리텔링과 같다. 읽을수록 수긍하게 되며 마음속에 각인된다. 주변인에게 노후설계 방안의 모델로 소개할 만한 가치가 있는 책이다."

김상현, 아워홈 충남북지사장, 52세

"저자는 독자를 노후 세계로 자연스럽게 안내한다. 심리, 노후설계, 노후 삶이 그것이다. 더구나 나이듦에 따른 죽음과 국격까지 총체적으로 다룬다. 주변인에게 권할 만한 좋은 책이다."

정호연, 전주대학교 교수, 62세

"대한민국 장기요양보험이 출범한 2008년부터 현재까지 업무 수행 과정에서 접한 수많은 어르신의 모습을 보며 내가 하고 싶던 말을 어쩌면 이리정확히 표현하였는지! 이 책은 우리 모두의 노후 설계와 앞으로 대비할 라이프 스타일에도 폭넓게 적용할 만한 가치가 있는 책이다."

심성화, 건강보험 노인장기요양보험 차장, 59세

"저자는 부모의 노환 체험을 통해 우리의 노후를 솔직하게 풀어낸다. 노후 문제는 우리 모두의 중대한 사안임을 인식시키며 각자의 노후 대책을 강구하도록 경종을 울린다. 주변에 권하고 싶다."

신선영, 신안대우병원 수간호사, 55세

"저자가 겪은 이야기는 수많은 노인 환자를 대하는 내게 울림을 준다. 나의 노후 문제를 재인식하게 하며 주변의 노인과 의료인에게도 소개하고 싶은 책이다."

정일호, 송도하나요양병원장, 49세

"바쁜 업무 때문에 나를 돌아볼 틈이 없었다. 이 책은 나의 노후 문제를 설계할 계기가 되었다. 실천적이고 설득력 있는 좋은 책이다."

남민수, 대전텔레콤 대표, 46세

"자신의 노후 준비를 시작해야 할 시기에 닥친 부모의 노환으로 힘들어하고 고심하는 저자를 지켜보았다. 저자는 결국 자신의 문제를 넘어 우리 모두의 노후 문제에 깊게 사색하였고, 마침내 한 권의 책을 내밀었다. 그가 진솔하게 다듬고 닦은 노후 설계와 3단계 실천 방안은 우리의 미래를 끌고 갈 수레바퀴임이 틀림없다."

정승호, 한국원자력연구원 박사, 63세

"마음속에 무겁게 자리 잡았던 노후 문제가 해결되는 것 같다. 현 시대의 부모와 노후 동행을 비롯한 노후 설계 방안이 바로 그렇다. 많은 독자들이 이 책을 집어들기를 바란다."

채효석, 전 K-water 연구원장, 57세

"저자는 노후 문제를 솔직하고 명쾌하게 풀어낸다. 노후 생과 죽음이라는 대명제를 진지하고 사려 깊게 바라보는 통찰력이 대단하다. 주변인에게 꼭 권할 것이다."

이현석, 에이치큐테크 대표이사, 55세

"이 책을 읽으면서 평소에 간과했던 소중한 심적 보물을 찾았다. 나의 노후 생활에 큰 보탬이 되리라고 믿는다."

이동섭, 피에스글로벌 대표이사, 55세

"노후는 먼 뒷날의 일처럼 생각하며 주어진 일에 몰두하며 생활하였는데, 저자의 노후 설계안과 실천 방안을 보니 이제부터라도 내 노후를 고민해야겠다고 생각하게 되었다. 특히 노모를 모시는 나에게는 미래의 방향성을 제시하는 책이다. 생각의 습관, 맞춤형 노후 설계 방안 등 희로애락을 함께했던 직장 동료와 친구들에게 추천하고 싶다."

류호영, (주)한국종합기술 상무, 57세

"결혼한 여성으로서 양가 부모의 노후 문제를 겪는 내게는 피부에 와 닿는 이야기들이었다. 저자가 경험한 이야기가 내가 겪고 있는 답답한 현실과 교차되어 더욱 공감되었다. '피할 수 없는 동행'이라면 부부가 상의하여 행복한 노후 생을 맞이할 수 있도록 착실히 준비해야 할 것 같다."

허이규, 주부, 51세

"저자의 글은 고향 부모의 상황과 자신의 심정을 꿰뚫는 듯하다. 결국 그는 자기 자신을 믿고 실천을 통해 노후의 행복을 지향함이 중요하다고 제안한다. 후배들에게 권하고 싶다."

지용주, (주)에코탑플러스 소장, 53세

"베이비부머의 일원으로서 부모와 노후를 동행하는 우리에게 위로, 희망, 자긍심을 키워주는 책이다. 저자의 인간미, 솔직한 필력, 바람직한 노인상은 우리에게 의미 있는 삶이 되도록 할 것이다."

모강현, 전 한국전선공업협동조합 전무이사, 63세

"자연과 더불어 사는 사람으로서 저자의 '자연과 교감하면서 자신을 성찰하고 노후를 설계 하라'는 메시지가 가슴에 와닿는다. 실제 내가 체감하면서 살고 있기에, 저자의 경험을 바탕으로 한 이 책은 행복한 노후를 추구하도록 돕는, 애정 어린 마음이 심금을 울린다. 누구에게나 다가오는 노후를 준비하고 생각해보게 하는 유익하고 기분 좋은 책이다."

이효열, 고운동천 사장, 57세

"현장 업무로 분주했던 나에게 자신을 찾아볼 수 있는 계기가 된 책이다. 저자의 감성과 예지력은 우리를 자연스럽게 노후 세계로 끌어가는 매력이 있다. 지금부터 본격적으로 노후를 대비할 혜안을 길러야겠다."

최석운, 촬영감독, 47세

"저자는, 업무에서는 진정성과 강직성으로 대해주었고, 사석에서는 따뜻한 맏형 같았다. 이 책은 직장과 육아 문제 등으로 노후를 생각조차 못한 40대에게 경각심을 일깨움과 동시에 슬기로운 인생 설계를 위한 지침서로 그 역할을 다할 것이다."

신병우, 한국원자력통제기술원 책임연구원, 43세

글을 시작하며

당신의 노후는

우리는 하루하루를 24시간씩 꼬박꼬박 사용하고 있다. 하루라는 시간은 모든 사람들에게 똑같이 제공된 유일무이한 평등권이다. 흔히들 세월이 가는 속도는 노년기로 갈수록 가속도가 붙는다고 한다. 똑같은 하루와 1년이라는 시한성인데도 말이다. 그리고 어느 날 갑자기 출근 전에 세수를 마치고 거울에 비친 내 모습에서 60대에 진입하고 있음을 실감하게 된다. 쏜살같이 흘렀던 시간들이 이제는 사뭇 다른 모습으로 다가옴에 놀라게 되고 또다시 걱정하게 된다.

퇴직 이후의 삶, 바로 노후생활이라는 시간이 바로 그렇다. 개인에 따라서는 그러한 노후 문제가 다소 차이가 있을 수 있다. 누구든지 경제적 문제, 건강상 문제, 소일거리 등을 피해갈 수는 없기 때문이다. 나 역시 퇴직을 앞둔 시점에서 노후 문제를 간과할 수는 없었다. 오래 전부터 노후를 위한 구상과 고민을 해왔다. 다만, 고향에 계신 부모님의 노환 때문에 나름 계획한 것들을 구체화할 겨를이 없었을 뿐이다. 부모님의 노환을 겪다 보니 10여 년이 순식간에 흘렀다.

2013년 12월 초 어느 날 새벽에 검사 업무 때문에 화성시로 출장을 가게 되었다. 고속도로에 진입하니 첫눈이 내렸다. 문득 출장 후 돌아올 일이 걱정되었다. 목적지에 도착하자마자 휴대전화가 울렸다. 발신자는 요양병원이었다. 담당 간호사는 황급히

"아버님이 짐을 챙기셔서 당장 고향을 가신다니 어떡하죠."

"아! 제가 멀리 출장 중인데 난감하네요. 며칠 전 제가 병원에 들러서, 아버님께 이번 주 토요일에 고향으로 모시고 가겠다고 했는데."

"지금 가방을 들고 옆에 서 계세요. 당장 가시겠데요."

"선생님! 다시 한번 설득해 주세요. 토요일에 제가 모시고 간다고요. 지금 고향집에는 보일러도 고장 났고 방이 차요. 냉장고며 주방이며 며느리가 다 정리해서 혼자 생활할 상황이 못돼요."

"예, 말씀드려 보죠. 하지만 워낙 완강하셔서."

잠시 후 병원에서 전화가 다시 왔다.

"아버님이 지금 나가시겠다고 저희들을 밀치시니, 어떡하죠? 난감하네요."

"아! 그래요. 정말 난감하군요. 사흘 후면 갈 텐데. 그럼 부탁 좀 드리죠. 제 고향 주소를 메시지로 남길 테니 택시를 좀 잡아주실 수 있나요? 주소지에 도착하면 기사님이 제게 전화 좀 해주시면 좋겠는데요."

이렇게 부친께서 요양병원을 탈출(?)하신 게 세 번째였다. 전화를 끊고서 털썩 주저앉고 싶었다. 나는 부친 홀로 고향 행을 강행하는 이유인 노년기의 무료함이 이렇게 심각한 문제일 줄 미처 몰랐다.

이를 또 어쩐단 말인가! 이틀만 참으시면 모시고 간다고 했는데. 폐렴으로 두 번이나 장기 입원한 적도 있는데 당신 혼자 가시겠다니.

정신을 가다듬고 출장 동료에게 양해를 구한 후 부친을 위한 후속 조치를 서두를 수밖에 없었다. 보일러 정비 센터에 연락해 수리를 요청하고, 요양사에게 식사 수발 등을 부탁했다. 그 분들의 협조 덕분에 겨울을 무사히 넘기나 했다. 또다시 폐렴 발병으로 응급실로 차를 몰아야 했다. 고속도로에 오르자 힘든 상황들이 주마등처럼 스쳤다.

"언제까지 이렇게 살아야 하나! 끝도 보이지 않는 이 고통의 시간을."

부친의 위급 상황을 넘기고 나면 모친의 낙상 사고 등으로 암울한 늪으로 계속 빠지는 것 같았다. 가속 페달을 점점 거세게 밟았다.

"중앙 분리대에 들이박을까! 아니야 이러면 안 되는데."

나는 자동차의 비상등을 켜고 길 가에 멈춰 담배를 물었다.

당신의 노후는 안녕할 수 있겠습니까.

나는 10여 년 동안 부모님의 병환으로 인해 대전과 고향, 응급실을 드나들어 왔다. 우리에게 노후는 이렇게 다가오는 것인가! 나는 부모님의 노후 생활을 체험한 사람으로서 부모와 자신의 노후 문제를 심각하게 고려했다. 이러한 문제는 나 하나만의 문제가 아니라 우리 모두의 문제임을 실감했다. 나는 퇴직을 앞둔 사람들, 노후를 걱정하는 모든 이들을 위해 책을 쓰게 되었다.

나는 이 책에서 나의 체험과 주변인들의 사례를 토대로 노후를 바라보는 시각과 마음가짐, 맞춤형 노후 설계안을 제시한다. 더불어 노년기의 문제를 어떻게 바라보고 실천해야 하는가에 대한 실증 사례도 포함시켰다. 나이 듦과 죽음의 문제는 어느 누구도 자유로울 수 없으며, 신중한 탐구와 관찰 과정을 통해 스스로 해결해야만 한다고 나는 믿는다.

이 책의 차별점은 노후생활에 대한 임상학적·심리학적 측면의 이론적인 제시 차원을 벗어나 노년기를 있는 그대로 바라보면서 자신에게 맞는 홀로서기를 실천하도록 유도하는 것이다. 또한 부모의 노환과 노후 생활은 바로 우리의 몫이며 미래의 모습이라는 데에서 출발한다. 그리고 노후 설계를 지향하고 노후 대책을 강구하는 방안을 구체적이고 체계적으로 제안한다.

특히 개인별 맞춤형 노후 설계 방안은 내가 탐구하고 착안한 세 가지 과업인 핵심적 실천사항, 유연적 실천사항, 시한적 실천사항이다. 이를 실천하는 방안은 두 개의 수레바퀴처럼 굴리는 것이다. 하나는 '있는 그대로'의 성향과 생활상이라는 바퀴이고, 다른 하나는 개인별 맞춤형 노후 설계 방안이라는 바퀴이다.

이 책이 여러분에게 퇴직 후의 불안감을 해소하고 맞춤형 노후 설계를 하여 노후를 행복하게 사는 데 도움이 될 수 있기를 진심으로 바란다. 앞으로 나는 여러분과 공감대를 형성하고 노인 문화 창출에 보탬이 된다면 적극적인 관심과 노력을 게을리 하지 않을 것이다.

차례

제 1 부

심
리

"인간 존재의 유일한 목적은 단순한 존재의 암흑 속에서
한 가닥 등불을 밝히는 것이다."
- 카를 구스타프 융

1장

피할 수 없는 현실

벌써 퇴직이라니

벌써 퇴직을 맞이하다니.

2년 후면 나는 사회적으로 노인 대접을 받게 된다. 한편으로는 버스 무임승차 같은 제도들이 고맙기도 하다. 다른 한편으로는 백화점이나 병원에서 나를 부르는 '아버님'이라는 호칭이 낯설다.

나는 35년 동안 연구소에서 일하고 재작년 말에 정년퇴임하였다. 퇴직이 실감나지 않지만 피할 수 없는 현실이다. 10여 년 동안 부모님의 병환 수발을 하다 보니 퇴직이 성큼 다가왔다.

같은 직장에서 퇴직한 선배나 안면 있는 직원을 만날 기회가 더러 있다. 그들 나름대로 노후 생활을 영위하겠지만 그 행태는 다양할 수밖에 없다. 하지만 그들 중 소수만이 새로운 직장에의 고용 여부를 떠나 적극적인 삶을 살아가는 모습을 짐작하게 된다. 오랜만에 동문 모임에서 만난 친구라 할지라도 짧은 시간 안에 그가 사는 윤곽을 대충이라도 짐작할 수 있다. 이건 나만이 느끼는 선입견은 아닐 것이다.

퇴직한 지인들의 표정을 보면 상당수가 왠지 풀이 죽은 듯하다. 희망 없이 그저 살아가는 모습으로 비치는 건 나만의 편견일지도 모른다. 동기동창 모임이나 직장 동년배 모임에서 회자되는 핵심 화제가 어느 순간 바뀌었다. 바로 '연금 문제'였다. 퇴직 이후에 고정적인 생활자금 확보 여부는 노후 생활의 관건이었다. 국민연금, 개인연금 등을 은밀하게(?) 물어보기도 하고 자문을 구하기도 했다. 그만큼 노후 대비에서 경제적인 면을 무시할 수는 없다. 모임에서 서로 건네는 덕담은 "돈만 있으면 뭐하나? 건강이 최고지! 그래야 하고 싶은 걸 즐기면서 살지."였다.

쉬운 말이면서 어려운 말이다. 우리는 왜 노후를 불안해할까? 젊어서는 노후를 먼 미래의 남의 전유로 밀어놓았다 막상 다가온 늙음과 동반하면서 지낼 노후가 막막하다는 것일까? 아니면 노후 준비 여부를 떠나 닥쳐온 부정할 수 없는 현실이 부담스럽다는 푸념인가.

우리는 경제적, 신체적 여건과 소일거리 등이 마련된다면 정말 노후가 행복해질 수 있을까? 이러한 조건을 충분히 마련했다고 장담할 수 있는 사람은 과연 몇이나 될까! 노후를 맞이하는 사람들 대부분은 이러한 3박자를 충분히 마련하는 데는 역부족일 것이다. 나도 마찬가지다. 노후는 항상 마음속에 묵직한 추를 늘어뜨린다. 사이다

같은 시원한 처방은 없을까.

그냥 복잡해요, 대책이 없어요

어느 누구나 퇴직 후 노후 대책을 깊이 고민하고 대처 방안을 심사숙고할 것이다. 어느 누가 자신의 노후를 장담할 수 있겠는가? 나는 이 시점에서 한 가지를 제안한다. 노후대책을 위한 첫 걸음은 노후를 바라보는 시각을 좀 더 냉철하게 판단해야 한다는 점이다.

대부분의 직장인은 퇴직 이전까지 업무로 인해 하루하루를 정신없이 바쁘게 보낸다. 주말과 휴일도 업무 환경에 맞추기 위한 신체적·정신적인 충전재 역할을 해왔다고 말할 수 있지 않을까? 주말에 대한 기대감도 일요일 오후가 되면 부담스럽게 바뀌곤 한다. 대부분의 직장에서는 월요일 출근과 동시에 주간업무 회의나 간부 회의를 소집하곤 한다. 심적 중압감을 주는 지겨운 월요병의 원천이다. 직장인들은 사각의 링에 갇혀 탈출하지 못한 채, 혼자만의 자유를 갈구하면서도 조직의 일원으로서 일하는 게 아닌가. 나 역시 마찬가지였다.

퇴직 이후의 삶은 얼마나 자유로운가! 나만의 시간을, 나만의 자유를 마음대로 누릴 수 있으니 말이다. 그런데 우리는 그 자유를 마음껏 누릴 수 있는데도 막연함과 불안감에 사로잡히는 것이다. 왜 그럴까? 막상 퇴직하면 하고 싶던 일과 소일거리조차 생각나지 않아 고민한다.

나는 퇴직 후의 자유를 낭만적으로 생각하거나 안이하게 대처하지 않았을까 하고 생각한다. 게다가 세상에서 소외되고 단절되었다는 양념까지 뿌리면 구제 불능이 되는 것은 시간문제일 것이다. 그런 이유로 나는 노후 문제의 핵심을 긴 여행을 떠나기 위한 시각과 마음가짐에 둔다. 노후를 보장하는 여러 조건들도 중요하나, 이런 조건과 환경을 직접 끌고 나아갈 정신력을 강조하는 것이다. 이것은 단시간에 준비되는 것은 아니다. 우리는 대부분 가정과 직장에서 허우적댄 채 자신을 돌보지 않았다. 조직에서는 성공했을지 모르나 자신에게 시간을 내기에 인색했고 자신을 용서하기에는 옹졸했기 때문이다.

그렇다면 근접한 해답은 거의 예상할 수 있다. 지금이라도 자신을 돌보는 일이다. 과연 지금 원하는 게 뭔지, 진정 어떤 일을 하고 싶은지를 생각해 보는 것이다. 자연과 접하면서 여유를 갖고 자신을 만나는 것이다. 마음을 다스리고 추스르는 자아성찰과 탐구가 우리의 막연한 노후 생활을 위한 초석이기 때문이다. 뒤엉킨 실타래는 한 올 한 올 풀어가야 한다.

다시 말해 노후 문제는 나를 발견하고 재확인한 후 찾아가도 늦지는 않다고 제안하는 것이다. 자신의 진정한 모습을 냉철한 시각으로 찾는 작업이다. 나 자신을 제대로 알아야 나의 노후가 있을 것 아닌가! 노후는 생각 외로 복잡하지도 않을뿐더러 차분히 자신을 만나면 나름의 대책을 마련할 수 있다고 믿는다. 우리의 노후는 생각보다 길고 질기기 때문이다.

왜 불안한가

우리는 어려서부터 미래에 대한 막연한 불안감이 있었다. 유아기는 주로 외부의 자극에 대한 공포나 불편함과 무지에 따른 불안이다. 이것은 부모의 사랑과 사회의 안전장치 등으로 대부분 해소되었다. 초등학교에서 대학에 이르기까지 시험을 앞두고 고통스런 불안에 익숙해져 왔다. 젊은 세대에게는 직장이라는 관문에의 도전이다. 개인적으로 독립할 시기에는 어떤가? 결혼을 앞두고는 미래 설계에 대한 불안과 불확실성, 자녀 양육과 교육 문제, 그들의 미래 설계와 혼사 등 수많은 관문을 통과할 때마다 불안이 꼭 찾아온다.

이젠 불안이 끝났다 싶었다. 이제 모든 걸 내 마음대로 할 수 있으니. 평생직장이라는 틀에 구속되어 살았으니 나는 지금부터 내 결정대로 살 자격이 충분히 있다는 자신감으로 무장하게 된다. 며칠, 몇 달 동안 친구들을 만나고 해외여행도 다니며 노후를 위한 새로운 세상을 맞을 각오도 다지게 된다.

하지만 어느 순간 이상야릇한 감정이 스멀스멀 기어 올라오기 시작한다. 언제까지 이렇게 살 수 있을까? 친구를 만나고 여행을 다니며 취미생활로 즐거웠는데, 왜 갑자기 미래가 막연해지는 걸까. 이대로 살아도 되는 걸까. 뭔가 놓친 것 같은 이 기분은 뭘까. 등등이다. 인생 2막의 사춘기가 온 것이다. 노인 정신의학 전문가인 마크 아그로닌 박사는 『노인은 없다』에서 노인 갱년기를 다음과 같이 정의하였다.

"노인 갱년기란 새로운 관심분야나 역량, 관계, 역할, 생활형편을 추구하고 개발하는 활동이 쇠퇴하거나 심할 경우 중단되는 상황을 뜻한다. 노인 갱년기는 노인들 중에서도 특히 능동적이고 창조적인 활동을 하다가 은퇴한 사람들에게서 더 나타난다. 화가, 장인, 작가들에게 노인 갱년기는 예술성이 차단된 상황, 즉 창조적인 활동의 중단을 의미한다.

노인 갱년기는 목적이 상실되었는데 그것을 대체할 만한 것도 없는 상태다. (중략) 그리고 본질적으로 노인 갱년기는 정형화된 '노년'의 개념의 시작이다."

그렇다. 반갑지 않은 노년기의 불청객이 찾아온 것이다. 이를 해소하는 방법은 개인에 따라 다양할 수 있고 해결 방안 또한 난이도가 있을 것이다. 정신적인 감정의 변화와 더불어 쉽게 지치고 피곤하다거나 매사에 의욕이 없는 나머지 심리적 침체감을 호소하는 경우도 많다고 한다. 이와는 반대로 사물을 객관적으로 보지 못하고 본인 위주로 판단하여 쉽게 분노하거나 짜증내며 냉소적으로 반응하거나 공격적인 성향을 보이기도 한다. 이러한 심리적 현상은 안정적인 마음의 균형이 깨져가는 징후이기도 하다. 뭔가를 해야 하는데 막연해지고 신경을 쓰자니 귀찮아지며 점점 무기력해지고 침몰하는 배처럼 가라앉는 것이다. 심지어 인생이 허무해지면서 증상은 심각하게 된다. 노인 갱년기의 대표적인 증상이다.

퇴직하고 몇 달 전까지만 해도 그렇지 않았는데 갑자기 왜 그럴까? 나는 바로 앞에서 이야기한 노후의 시각과 마음가짐의 결여로 판단한다. 예를 들면 나의 부모님이 겪은 '준비 안 된 만남'의 결과인 것이다. 경우에 따라서는 그동안 만난 친구나 상대에 따른 과도한 기대감이나 반대급부를 바란 나머지 그에 따른 실망감에서 올 수도 있다. 또한 본인 스스로 노쇠함을 부정적 관점에서 자각함도 큰 몫을 할 것이다.

내 부모님의 경우 수많은 역사적 격동기를 겪고 극복해낸 장본인이다. 또한 자식을 남부럽지 않게 성장시키려고 분골쇄신했음을 부정할 사람은 없을 것이다. 그 분들은 이제 육신이 지칠 대로 지친 상태에서 자식에 대한 의존을 인생 2막의 은신처로 생각하셨을 수도 있다. 노후에 기댈 데가 없기 때문이기도 하다. 그렇다고 지금에야 마음가짐이나 준비된 만남을 운운하면서 어떻게 권유할 수 있겠는가? 배은망덕으로 치부되기 십상이다. 단지 그 분들이 노후 생을 위해 그렇게 하실 수 있기를 바랄 뿐일 것이다.

문제는 우리 세대와 향후 사회를 이끌 젊은 세대이다. 갑자기 홍역처럼 들어와 전신을 전율케 하는 '노후 갱년기'를 어떻게 대처해야 하는가이다. 결혼 후 새집을 마련한다거나, 백화점에 옷을 사러 간다고 가정해 보자. 무작정 집을 사들이고 생각 없이 돈지갑을 들고 곧장 백화점에 가지 않는 게 일반적이다.

모래도 소화될 것 같던 나의 20대는 우여곡절을 많이 겪어야 했다. 장남이라는 강박관념과 하는 일마다 실패하는 좌절감 때문에 지리산을 찾은 게 행운이었다. 1980년대 초반 겨울에 대학생이던 4총사가 지리산 초행길에 폭설로 조난당할 뻔했다.

산기슭 초입에 들어서자 눈발은 몸을 날릴 것처럼 눈보라로 바뀌었다. 두 시간여 걷다가 무릎까지 쌓인 눈밭 속에서 우왕좌왕하던 터에 밤이 엄습하였다. 진퇴양난이었다. 산행을 중단하고 눈보라 속에서 한 시간 동안 평탄작업을 한 후 군용텐트를 쳤다. 잠을 자면 동사할 게 뻔했으므로 텐트 안에서 네 명이 쪼그려 앉은 채 날을 샜다. 아침에 보니 텐트는 눈에 파묻혔고 텐트 밖은 설국을 연상시킬 정도로 신성했다. 예정된 산행을 포기하고 미끄럼 타듯 내려온 하산 길은 지금도 생생하다. 지리산을 상당히 잘 아는 한 친구는 이런 경험은 처음이라며 혀를 내둘렀다. 우리는 겨울 산, 특히 지리산에 대한 기본적인 지식과 날씨 정보를 무시한 채 나섰던 것이다. 무모한 산행이었다.

이를 계기로 지리산에 매료되어 장비를 사들이고 산행 전문서적을 체화하면서 조심스럽게 홀로산행을 시도하게 되었다. 겨울철 홀로산행은 자신의 심신을 담보로 결행하는 모험이지만, 하산 때에는 짜릿한 성취감과 희열을 안겨주는 묘미와 호연지기를 느끼기에 충분하였다. 홀로 하는 겨울 산행은 장비와 신체 여건, 기본 식량, 비상식품, 악천후 대비, 등산로 분석, 유사시 탈출로 검토 등이 핵심적 생존전략이다. 산행을 하다 보면 예기치 않은 상황에 맞닥트릴 수도 있다. 홀로 산행을 대수롭지 않게 생각할지도 모르지만, 나는 산행을 기획하고 결행함에서 여러 번 확인하고 심사숙고해야 했다. 장남인 나로선, 겨울철 홀로산행에 앞서 걱정하시는 모친을 설득하고 허락을 받기 위해서이기도 하다. 산행시 사전 준비의 중요성을 재차 강조하고 싶다.

자! 이제 대상을 노후의 생활로 평행 이동시켜 보자. 새집 구입과 백화점 쇼핑, 산행 등은 매우 가시적이고 일반화된 행위이다. 그런데도 우리는 사전에 목적에 맞는 대상을 구하고 만족감을 느끼기 위해 나름 치밀한 계획을 세우고 검토하여 실행한다. 하물며 노화로 치닫게 되면서 나의 현주소를 파악하지 않고 사전 계획도 없이 여생의 여행을 떠난다는 것이 상식적인지를 자문해 볼 일이다.

노후가 불안하다면 불안 요인과 불안 요소를 분석함이 필요하지 않을까. 그 불안의 색깔과 형태가 어떠한지를 말이다. 먼저 배우자, 자녀와 상의해도 좋을 것이다. 배우자나 자녀들이 치료나 치유가 필요하다고 권유하면 따르면 되지 않을까. 우리나라는 정보통신이 잘 발달하고 개방 사회이기는 하지만 사회 저변에는 가부장적 사고방식이 아직도 남아 있다. '체면상 배우자나 자식들에게 어떻게 이런 얘기를 하나?' 아니다. 상의하는 것이 바람직하다. 그들도 곧 노인이 될 테니 이런 상황을 직시할 것이기 때문이다.

그러니 자신의 노후에 대한 상황과 마음가짐, 준비 대책을 가족에게 털어 놓자. 그러면 마음이 후련해진다. 그 다음에 마음을 열고 경청하자. 대화를 통해 합리적인 접근 방법이 도출될 것이다. 지금은 우리가 고민해야 하지만 갈등은 피하면서 미래 구상을 해야 할 중대한 시점이다. 우리는 노후에 홀로서기를 해야 하는 가족 공동체이기 때문이다. 이런 과정은 '노년 갱년기'를 극복하는 실마리이자, 행복한 노후를 위한 첫걸음이다.

2장

마음가짐이 좌우한다

내려놓을 걸 내려놓는다면

2017년 초여름 저녁, 모친의 병원 퇴원 조치와 뒷수발을 마치고 대전 집으로 귀가하였다. 방에 들어와 옷을 갈아입다가 책상에 쌓인 책과 소품들에 염증을 느꼈다. 얼마 전에 책상과 옷장을 정리한 것 같은데 어느새 이렇게 쌓였지? 먼지도 수북했다. 저 책들을 다 읽었나? 기억이 나지 않는다. 옷장에는 지난겨울에 입던 오버코트와 양복들이 나를 빼꼼히 쳐다보았다. 드라이클리닝 한 것을 찾아와 반년을 방치한 것이었다. 오늘은 피곤하니 주말에 정리해야지. 그러고는 한 달이 지났다. 옷가지와 묵은 때는 갈수록 쌓이는 법. 하루하루 미루다 보니 또 이렇게 된 것이다. 생각났을 때 바로바로 해야지 하면서 말이다.

그 다음 주말 아침에 샤워하고 나서 도저히 안 되겠다 싶었다. 옷장을 정리하고 계절별로 옷을 정렬하니 마음이 가벼웠다. 내친 김에

서랍을 정리했다. 서랍은 온갖 잡동사니로 가득했다. 외국 출장 때 외국인들과 찍은 사진을 보니 당시의 상황이 파노라마처럼 펼쳐졌다. 그들과 나눈 대화마저 생생하게 들리는 듯했다. 아내가 지나치다 한마디 한다.

"밖에 나가신 줄 알았네요. 당신 방 정리 좀 해요."

내 방은 다양한 추억거리와 소품들이 나를 기다리고 있었다. 이걸 언제 치운담? 하나하나 분류하고 버릴 것은 바깥으로 내던졌다. 왜 이렇게 모아둔 걸까.

거의 반나절 동안 나의 과거를 청산했다. 살아오면서 애착을 가졌던 소품들과 내게 만족감을 주었던 것들이라면 더욱 집착할 수 있다는 생각이 들었다. 나 자신을 바라보면서 향수가 지극하신 부모님의 입장을 이해하게 된 계기였다.

퇴직 후 30여 년 동안 가꿔 오신 고향 생가는 부모님에게 무엇이었을까. 그 분들의 여생에서 전부였음을 확인하게 되었다. 그렇기에 결과적으로 부친은 요양병원에서 고향으로 탈출(?)을 여러 번 시도하셨던 것이었다. 부친의 사례는 내게 내려놓아야 할 것들을 정리하는 계기가 되었다. 그로 인해 나는 주변의 소품보다는 나의 내면을 자주 들여다보는 습관이 중요함을 깨달았다.

아내와 함께 고향 방문 길에 올라 운전 중에 아내에게 물었다.

"여태 나하고 살아오면서 부탁하고 싶은 것 있어요."

아내가 피식 웃는다. 저이가 갑자기 왜 저러나?라는 표정이었다.

"당신 말을 듣고 싶어서. 내 험담을 하더라도 섭섭하게 생각하지 않을게. 가족이나 주변 사람들한테 적어도 민폐는 끼치지 않고 살아야 되지 않을까 하는 생각이 드네. 이를테면 내려놓아야 할 것들이지."

기대 반 설렘 반으로 기다렸다. 아내가 일침을 날렸다.

"철이 드신 모양이구려. 그러면 전 됐다고 봐요. 나도 그렇지만, 어떻게 사람이 완벽할 수 있겠어요. 그대로 맞춰 사는 거죠."

"어휴, 내가 말을 괜히 꺼냈지. 뻔한 질문을 해가지고 본전도 못 찾고."

"아니, 제 말은 그런 의도가 아니라니까요."

"내 참, 알겠수."

하면서 둘 다 크게 웃었다.

내려놓는다는 말은 쉽게 할 수도 있지만 어려운 화두이자 철학적 메시지가 담긴 말이라고 생각해온 터였다. 내려놓는다는 의미는 저마다 다를 수 있고 실천하기 어려울지도 모른다. 나는 행복한 노후생활을 위해 남에 대하여 생각하고 행동할 때 포기가 아닌 체념도 필요하다고 본다. 미련 없이 접고 잊으려고 노력하고 습관화해야 함이다.

내 부모님은 노후생활을 스스로 감당할 수 없는데도 생가에서 살고 싶어서 당신들을 볼모로 잡아매는 것이 아닌가 하고 나는 짐작한다. 애착과 향수가 버무려진 채 고향과 분리됨을 수용할 수 없는 것처럼 말이다. 자식의 입장과 주변 환경에 대응할 만한 대상을 찾지 못한 결과인지도 모른다. 내 부모님은 내려놓지 못한 전형적인 사례가 아닐까 싶어 안타깝다.

그런데 나는 그런 심리적 증상이 없는지를 자문한다. 나도 그렇기는 하지만 집착하지 않으려고 노력하며 습관화할 뿐이다. 노후에도 장담할 순 없지만 적어도 지금은 아니다. 이는 부모님의 노후생활을 체험한 덕분에 체득한 교훈일지도 모른다.

사회인이 된 딸과 아들이 나의 가치관과 맞지 않은 행동을 하게 되면 나는 내심 불편해서 뭔가 조언할까 하다가 마음을 접는다. 내가 저 나이일 때는 어땠을까 생각하면서 말이다. 일일이 관여하지 않고 기다리는 것이다. 내 나름의 내려놓기라고 할까. 주변인과 사물에 관심을 두되 내 생각대로 상대를 움직이도록 강요하지 않는다. 억지를 부려 무리수를 두지 않겠다는 생각의 유연성을 갖는 것이다. 나와 주변 사람들 사이의 차이를 인정하며 '그럴 수도 있겠구나' 하고 마음먹는다.

노년기에 접어들면 심리적 불안이나 위축감을 겪게 마련이다. 특히 퇴직하거나 사업을 접었을 때에 밀려오는 박탈감, 소외감, 자아의식 상실, 심리적인 침체 등을 겪는다. 이러한 생각은 스스로 만든 굴레이지 주변 사람들은 그런 생각조차 할 겨를 없이 살아간다. 아무도 우리에게 신경 쓰지 않고 제 갈 길을 가고 있다. 퇴직한 사람들이 당장 버려야 할 부정적인 마음가짐이다. 볼일을 보고 났는데 바지의 지퍼가 고장 나는 바람에 남들이 그 곳만 보는 것 같은 느낌이랄까.

우리는 퇴직했다는 사실을 너무 의식할 필요가 없다. 새로운 인생을 맞이하기 위한 준비에 몰두하면 된다. 주변의 시선으로부터 자유로워야 하고 마음속에 자리 잡은 부정적인 요소와 묵은 것을 털어내야 한다. 버릴 것과 챙길 것을 분명히 하여 노후 인생에 자양분이 되도록 해야 한다. 범사에 감사하며 노후 생활을 위한 목적의식을 키워야 하고 후회와 회한 등은 과감히 떨쳐버려야 한다. 자신의 행복한 노후를 위하여 긍정적 마음가짐으로 하루하루 채워나가는 지혜와 습관을 생활화해야 한다. 스스로 노인을 만드는 짓을 해서는 노후 행복을 보장받을 수 없다. 내려놓는다는 것은 자신을 관대히 용서함이고 평정심을 기르는 것이 아닐까. 비워야 채울 수 있다.

구속에서 벗어나라

시간의 연속성을 세월이라고 한다. 젊었을 때는 시간에 쫓겨 살았다. 육아와 직장에 매어 살았다. 가을을 맞아 낙엽 쌓인 벤치에 앉아 세월의 흐름을 탄식하기도 한다. 언제 이렇게 흘렀지 하면서 말이다. 이렇게 세월의 늪에 빠진 채 어느덧 퇴직이라는 아쉬움과 해방감을 느끼게 되기도 한다.

K도 예외는 아니었다. 그는 퇴직 후의 삶을 자유로운 삶의 전주곡으로 생각해 왔다. 자유로운 몸이 되었으니 이 세상을 마음껏 살겠다고 다짐했다. '자연인'을 꿈꾸기도 하고 못 다한 취미 생활도 구상했다. 자신에게 보상이자 가족을 배려하는 해외여행을 결행했다. 당시는 자유롭고 달콤했다. 그러한 자유는 해를 거듭할수록 야릇하게

밀려오는 그림자로 바뀌었다. 무엇을 해도 무료했다. 큰 질병이 없으면 30년 넘게 이렇게 보내야 하는 게 끔찍해졌다. 그렇게 바랐던 자유가 이제는 구속과 부담으로 다가온 것이다. 세상이 허무해졌다. 왜 그럴까.

비가 내리는 늦가을 K가 고개를 숙인 채 걷는데 삐뽀삐뽀 경음을 울리며 응급차가 휙 지나갔다. K는 전율했다. 자신이 멀쩡하게 살아 있음을 실감했다. K는 살아 있음이 새삼 고마웠다.

똑같은 이 순간을 보내는 두 사람을 비교할 수 있다. K는 퇴직 후 무료함에 빠져 고통과 씨름해온 반면, 응급차 안의 환자는 생사를 알 수 없는 응급 상황이었다. 우리는 이렇게 상반된 상황에서 지혜를 찾을 수 있다. 삶에 대한 무료함과 애착이다. 살아 있다는 사실이 얼마나 다행이고 행복한 순간들의 연속인 지를 알려주는 경각심이다. 질주하는 응급차 안의 환자는 유혈이 낭자한 교통사고 희생자이거나 심근경색으로 가쁜 숨을 몰아쉴 가능성이 있다. 바쁘게 살다 보면 흔히 접하는 응급 상황을 남의 일로 치부할 수도 있으나 노년기에 접어든 우리는 단순 사고로만 판단해서는 곤란하다. 교통사고나 질병은 누구에게도 갑자기 닥칠 수 있기 때문이다.

K의 사례로 보아 시간의 자유를 효과적으로 활용하는 지혜의 숲을 설계해야 하는 이유가 될 수 있다. 우리는 지혜의 숲을 하루아침에 만들 수 없음을 너무도 잘 알고 있다. 심사숙고하여 설계하고 오랜 동안 다듬어야 하기 때문이다. 우리는 죽을 고비를 넘겼거나 심각한 고난을 극복한 이야기를 자주 접한다. 우리는 건강 때문에 술

과 담배를 끊었다든지 극한 체험과 실패에서 희망을 갖고 헤쳐 나온 사례를 보고 감동한다. 그들의 성공담에는 요행이 없으며, 부단한 노력과 시간과의 싸움만이 정답이라고 우리는 공감한다.

노후의 무료함을 극복하는 비결이 여기에 있다. 자유라는 배에 나만의 노후 설계라는 돛을 달아야 하는 명백한 이유이다. 그렇게 하면 자유로움으로 인한 말도 안 되는 구속에서 벗어나 풍요로운 인생 항해를 할 수 있다. 그 배에 인생의 목적의식까지 탑재하면 우리의 삶은 더욱 고귀해질 것이다. 마음속에서 그것을 찾기 어렵다면 주변에서 찾아보자. 분명히 보일 것이다.

K가 하루빨리 이 배에 타기를 바란다.

생각을 바꿔야 한다

생각을 바꾸기는 무척 어렵다. 타고난 성격, 습관, 교육, 가정환경, 풍습이 자신을 만드는 데 기여했기 때문이다. 세 살 버릇 여든까지 간다는 말이 있다. 우리는 사람들의 개성을 존중하는 시대에 살고 있지만 상대를 계속 접하다 보면 저마다 상대의 행동을 예측할 수 있다. 행동으로 빚어진 그들의 생각을 감지할 수 있기 때문이다.

부부간에 얄미운 버릇을 폭로하는 예능 프로그램이었다. 한 여성 연예인이 남편을 고발(?)했다. 그녀는 늦게 귀가한 남편에게 식사를 대접하고 설거지를 마친 후 세수하러 화장실로 들어서는 순간 남편이 내던진 양말을 보았다. 결혼한 지 몇 년째 고쳐지지 않는 남편의 습관이었다. 그녀는 작심하고 남편에게 일갈하였다.

"여보, 냄새도 나고 보기 싫으니 세탁기에 넣어주면 안 될까요? 나도 촬영하고 나면 피곤하고 집안일은 안 도와줘도 좋으니 이것만은."

한동안 시큰둥하던 남편도 상습범(?)임을 자인하고 멋쩍어하며,

"에구, 내가 또 그랬구만. 내일부터 그렇게 할게."

라고 답변했다. 아내는 말대접이라도 해줘서 고맙게 생각하고 그의 처신을 기대했다. 일주일이 지나도 그의 습관이 고쳐지지 않자 그녀는 작심을 하였다.

이튿날 퇴근한 남편은 현관에서 아내와 눈이 마주침과 동시에 양말을 벗어 공중에 날렸다. 그녀는 속이 부글거렸으나 참았다. 아무 대꾸도 하지 않았다. 밤이 깊어가고 아내의 표정이 좋지 않자, 남편은 아내에게 물었다.

"오늘 무슨 안 좋은 일이라도?"

"……."

다음 날 남편은 아내에게 뭘 잘못했는지를 곰곰 생각했으나 도저히 아내의 태도를 이해할 수 없었다. 오늘은 빨리 퇴근해서 아내에게 물어봐야지 하며 현관에 들어선 순간 그는 질겁했다. 향기로운 양말들이 산더미처럼 쌓여 있었다. 아내는 아무 말 없이 안방으로 들어갔다. 결과는 그녀의 판정승이었다. 다음 날부터 남편은 꼬박꼬박 양말을 세탁기에 넣고 덤으로 자신의 옷가지까지 넣었다. 그녀의 기지와 해프닝에 폭소를 터트렸던 기억이 새롭다. 남편의 생각을 바

꾸도록 유도한 적극적인 처방이었다.

이런 이야기는 주변에서 흔히 접할 수 있다. 이는 생활 습관을 바꾸기 쉽지 않음을 의미한다. 직장에서도 업무 추진 성향이나 사고방식을 바꾸기가 쉽지 않듯이 말이다.

이제는 생각을 바꾸어야 하지 않을까? 정보통신과 생활 패턴이 급변하고 있다. 휴대전화 하나면 일상에서 불편함이 없는 세상이다. 게다가 지구 반대편에 있는 외국 친구들과 실시간으로 정보를 교류할 수 있다. 인간관계는 훨씬 개방적이 되었으나 개인정보 유출 등으로 오히려 폐쇄적일 수도 있다. 인간관계에도 개방성과 폐쇄성이 공존하는 세상이다. 그렇다고 주변사람들의 생각과 사고를 무시하고 살수도 없다. 각박한 세상일지라도 사람들 간에 마음이 통하는 교류가 필요하다. 누구나 사물을 달리 보고 달리 반응하며 또 다른 시각으로 생각할 수 있다는 것이 문제이다.

왜 생각을 바꿔야 할까. 왜 나는 자녀들을 대할 때 대화가 매끄럽지 않을까. 나 홀로 섬에 있는 기분이 들 때가 있다. 자녀들과 소통하려면 외국어 못지않게 신조어도 배워야 한다. 내게 맞춰서 대화하자고 강요할 수 없다. 원활한 대화를 하려면 상대의 수준에 맞춰야 한다.

시야를 넓혀 노후 생활의 생태계를 고려해 보자. 우리는 노후를 위해서 스스로 바꿔야 할 게 꽤 많다. 그동안 세상이 얼마나 많이 변했는가. 일상생활의 시스템과 주변 환경이 바뀌면 당연히 생활상과 사회 문화도 변할 수밖에 없다. 우리는 세태의 변화만 푸념했지 적극 호응하고 맞추려고 해보았던가. 나이 들수록 자기를 바꾸기가 귀찮다. 어쨌든 사회는 젊은 세대들이 생각하고 결정하는 방향으로 갈 수밖에 없다. 우리가 젊었을 때 그랬던 것처럼.

이제 우리는 그들이 끌어가는 세계를 지켜보고 응원해야 할 세대가 된 것임을 인정해야 한다. 그러니 그들을 믿고 따라야 하지 않겠는가. 그들의 순발력에 우리의 지혜를 접목시키는 작업이 필요하다. 세대가 바뀌고 첨단화되어도 최종 결정은 어차피 인간의 판단에 달려 있다. 더는 조급해할 필요도 없고 일일이 관여할 생각도 하지 말자. 우리 노후에 충실하자는 것이다. 우리가 세상을 그냥 살아오지 않았다는 것을 그들이 인식할 수 있도록 말이다.

『할아버지의 기도』에서 레이젤 나오미 레멘은 침묵의 중요성을 다음과 같이 강조한다.

> "진정한 성장은 우리 안의 침묵 속에서 이루어진다. 우리가 침묵 속에서 성장을 이루게 되면 단순히 다른 사람을 위험에서 구조해주기만 하는 것이 아니라 영혼의 안식처가 될 수 있다. 한 사람의 삶의 과정을 조용히 지켜보고, 있는 그대로 받아들이는 지혜를 지닐 수 있다."

조제프 앙투안 투생 디누아르 신부는 『침묵의 기술』에서 노인에 대한 언어의 정제성과 더불어 침묵의 중요성을 다음과 같이 강조하였다.

> "깊이 숙고한 뒤에야 입을 열라.
> 그대가 마음에 품은 그 어떤 생각도 사소하지 않을 터.
> 그 모두가 주목의 대상이요,
> 그 모두에 결과가 따르리라."

우리는 지금부터 경륜과 지혜를 중심추로 내려놓은 채 우리의 노후 생활이 그들에게 짐이 되지 않게 융통성 있는 사고를 길러야 한다. 생각을 바꾸기 어렵더라도 현실을 바라보는 마음가짐이라도 긍정적으로 바꿔보자. 그들 또한 우리를 바라보는 시각도 달라질 터이다. 적어도 꼰대라는 소리는 듣지 말자. 우리가 그들에게 침묵하는 행동으로 보여줄 때가 아닌가. 우리는 새롭게 태어나는 인생 2막의 주인공으로서 구태의연함을 청산하고 노후를 준비하기에도 바쁘다.

그래도 노후는 자유의 천국

우리가 감옥살이를 한다고 가정해 보자. 답답함과 침체감 속에서 참회하더라도 죽을 맛일 것이다. 우리는 어려서부터 부모와 은사들의 계도 덕분에 얻은 교훈이 있다. 학교의 규율과 제도에 따른 구속감은 사회 진출에 밑거름이며, 마음껏 날개를 펴고 사회에서 활공할 수 있는 원동력이 될 것이라고 배웠다. 이런 이야기는 동문회나 친목 모임에서 웃픈 추억담이 되고 말았다.

외부로부터 받는 제한은 스트레스의 원천이다. 우리는 자의든 타의든 심리적 구속감을 느껴왔다. 업무가 과중하거나 자기계발을 위한 시험을 치를 때 평소에 하고 싶은 것들이 한두 가지가 아니었다. 하지만 그러한 일이 끝나고 나면 언제 그랬냐는 듯 영화 관람이나 소주 한 잔으로 대체했던 경우가 다반사였다. 그와 같은 생활을 쳇바퀴 돌 듯 반복했다. 우리는 순간의 쾌감과 해방감을 즐기는 동물이었음을 씁쓸하게 자인하게 된다. 그러고 나서 꼭 지금 실행하지 않아도 나중에 체계적으로 준비하자고 자신에게 관대했다.

퇴직 후에도 이래야 하는가. 퇴직 전 10년을 되돌아보자. 10년 세월이 순식간에 지나감을 체험하지 않았는가. 그렇게 갈구했던 나만의 자유로운 항해 일정이다. 새로운 직장을 얻을 수도 있겠지만 그 직장에서도 결국 떠나야 할 것이다. 단지 시간만 조금 연장될 뿐이다.

퇴직한 선배 B와 G가 생각난다. B와 G는 직장생활에 열정이 있었고 건강관리도 꾸준했다. 하지만 퇴직 후 B와 G의 생활패턴은 극명하게 달랐다. B는 친분이 많은데다 본업의 전문성을 살려 임시직일지라도 전국을 다녔다. 만날 때면 얼굴에 생기와 활력이 가득 찼다. G는 상대적으로 대담한데도 퇴직 후 몇 년 동안 보이지 않더니 건강에 문제가 생겼다는 소식을 들었다. 그는 퇴직 후 집에서 주로 지내다가 극심한 우울증을 앓게 된 것이다. G가 그렇게 돌변하리라곤 생각조차 못했기에 충격적이었다.

우리는 퇴직 후에 경제, 건강, 소일거리의 중요성을 강조해 왔다. 하지만 노후 생활을 시작하기도 전에 곤란한 지경에 빠지는 사례를 우리는 접하곤 한다.

그렇게 원했던 자유였다. 자유는 적당한 규율 속에서 자유로울 수 있다고 나는 믿는다. 퇴직 후 우리는 자유를 무작정 풀어내지 말고 완급을 조절하는 능력을 키워야 한다. 자신에게 약간의 긴장을 부여해야 한다. 출항하는 선박 역시 도착할 때까지 방향 조절과 항해 속도 등 선장의 판단력이 전제되어야 한다. 우리는 노후 생의 선장이자 항해사이자 조타수이다. 결국은 혼자서 결정해야 하는 운명이다.

결국 자신을 제대로 알고 대처해야 한다. 우리는 자신을 잘 모른다. 직장이라는 울타리 안에서 익숙했고 한정된 사람들과 교류했기에 자신을 탐구하고 들여다보는 데는 인색했기 때문이다. 이제는 냉철하게 자신을 들여다봐야만 한다. 자신의 호불호를 명확히 하는 것도 중요하다. 퇴직 후까지 경제적 측면에만 집착하는 것도 자신을 더욱 힘들게 할 수 있다. 그렇다고 노후를 위한 거액의 투자도 절대로 권하고 싶지 않다.

있는 그대로 자신의 미래를 바라보며 자신을 자유롭게 점검해 보자. 나에게 어떤 방향이 맞을까. 무엇을 하며 사는 것이 나를 행복하게 할까. 주변에 내가 기여할 수 있는 것은 무엇일까. 내가 원하는 대로 노후가 무지갯빛으로 찾아오지 않는다는 사실도 염두에 두어야 한다. 그래도 계속 자신에게 질문을 던지는 것이 필요하다. 나 자신이 살아가야 할 인생이자 생활의 연속이기 때문이다.

우리는 이제 자유를 활용하여 자신을 위한 자산으로 탈바꿈시키는 작업을 구상하자. 자신만의 자유로운 시간을 투자하여 가시적인 결과물로 바꿔서 자신감을 얻는 것을 말한다.

자유라는 친구를 절대로 혼자 놀게 해서는 안 된다. 노후 생활의 자유는 그것을 자유자재로 운용할 수 있는 능력이 전제되어야 자신을 위한 자유의 천국이 될 것으로 믿기 때문이다.

★

요약 정리

▶ **자기 진단 및 심리 파악**

1. 나는 퇴직 후의 대책을 준비하고 있는가?

2. 그 대책은 나의 노후를 행복하게 할 수 있는가?

3. 나의 노후 대책 중 불안한 점은 무엇인가?

　우선순위로 적어 보자.(예: 경제력, 건강, 소일거리 등)

　보다 구체적으로 기술하면 마음이 정리된다.

4. 불안요인 중 자신의 노력으로 해결할 방안이 있는가?

　만약 해결할 수 없다면 어떻게 대처할 것인가?

5. 만약 자신이 해결할 수 없는 노후 대책을 고민할 필요가 있는가?

　노후를 새로운 시각으로 바라봄은 어떨까?

▶ **피할 수 없는 현실이라면 마음가짐이 노후를 좌우한다.**

　대부분의 직장인들은 노후 대비를 위해 경제적, 신체적 여건, 소일거리 등을 화두로 삼는다. 이러한 여건이 마련되면 노후가 행복해질 수 있을까 하는 점이다. 현실은 이러한 3박자를 충분히 마련하는 데 역부족이었음을 실감하고 노후에 대한 막연한 불안과 더불어 머리가 무거워진다.

　노후 대책을 위한 첫걸음은 스스로 노후를 바라보는 시각을 좀 더 냉철히 판단하고 마음가짐을 다지는 것이다. 자연과 접하면서 여유를 갖고 자신을 만나는 것이다. 자아성찰과 탐구가 우리의 행복한 노후 생활을 위한 초석이 될 수 있다고 믿기 때문이다.

퇴직이나 노년기에 접어들면 무료함과 더불어 정신적 과도기인 인생 2막을 맞게 된다. 마크 아그로닌 박사는 이를 '노인 갱년기'로 정의하고 노년기에 대비할 방법을 강구하도록 권고한다.

노화로 치닫는 소중한 여생을 영위함에 자신의 현주소를 파악하지 않고 사전 계획도 없이 여행을 떠난다는 것이 상식적으로 이해되는지를 자문해 볼 일이다. 결론은 명확하다. 자신의 노후가 불안하다면 그러한 요인과 요소를 분석하여 그 불안이 어떤 색깔과 형태로 존재하는지를 파악해야 한다. 노후에 대한 나름대로의 상황, 마음가짐, 준비 대책을 가족에게 털어놓자. 이와 같은 협의는 노년 갱년기를 극복하는 단초이자, 우리의 행복한 노후를 위한 첫 발걸음이 될 것으로 믿는다.

노년기의 자유로 인한 무료함을 극복하는 비결이 있다. 자유라는 배에 나만의 노후 설계라는 돛을 달아야 하는 명백한 이유이다. 그렇게 하면 우리는 자유로움으로 인한 말도 안 되는 구속에서 벗어나 풍요로운 인생의 항해를 할 수 있을 테니까 말이다. 게다가 그 배에 인생의 목적의식까지 탑재하면 우리의 생은 더욱 고귀하고 살만한 세상을 접할 수 있을 것이다.

자유라는 친구를 절대로 혼자 놀게 해서는 안 된다. 노후 생활의 자유는 그것을 자유자재로 운용할 수 있는 능력이 전제되어야 자신을 위한 자유의 천국이 될 것이기 때문이다.

제 2 부

노
후
설
계

"저는 미래가 어떻게 전개될지는 모르지만,
누가 그 미래를 결정하는지는 압니다."
 -오프라 윈프리

"누구에게나 다 들어맞는 인생의 의미는 없다.
인생의 의미란 자기가 자신의 인생에 부여하는 것이다."
- 알프레드 아들러

1장

노후에 챙겨야 할 것들

구직? 노후연금을 비축하라

노후생활을 영위하기 위해 맨 먼저 떠올리는 것은 경제적인 측면이다. 노후 자금 문제이다. 앞으로 30년 이상을 버텨야 할 텐데 자금이 얼마나 필요할까. 그때까지 건강할 자신을 전제로 하는 화두이다. 인생만사가 그렇듯 건강 또한 내 마음대로 되는 것인가.

나와 친분이 있는 C는 지역 유지인 부친 덕에 상당한 재산을 물려받았다. C는 그 정도의 재산 규모라면 부친의 암투병과 만일의 사태를 감안하더라도 자신의 노후는 경제적으로 충분하다고 장담했다.

C의 부친은 호전되지 않았고 암이 장기로 전이되면서 만성으로 치달아 몇 년 동안 투병하다가 세상을 뜨고 말았다. C는 부친의 투병기간 중에 부동산을 급매로 넘겼고, 본인의 퇴직금 일부까지 부친의 투병 비용에 충당했다. 이와 같은 사례는 극단적인 상황일 수 있

다. 자산이 여유 있더라도 노후에 완벽한 금전적 보장을 확언할 수 없다는 점을 예로 든 것이다.

우리는 노후에 경제적인 측면을 어떻게 준비해야 할까. 금리는 떨어질 대로 떨어지고 상승할 기미는 없어 보인다. 주식 투자 또한 목돈을 쥘 확률 예측이 불가하다.

2021년 고용노동부의 통계 자료에 따르면, 심신이 힘들더라도 퇴직 후 인생 2막을 위해 취업을 원하는 사람이 퇴직자 전체의 50%를 넘는다. 또한 퇴직 후 취업활동을 희망하는 시기는 70~75세가 70% 이상이다. 자신의 경제적인 독립과 자발적인 생계유지가 주된 요인이다. 그러한 일자리를 정부 차원에서 지속적으로 추진 중이나 단기 계약직이나 단순 노무직 추세이다. 정부 산하기관의 종사자나 특수 전문직인 경우는 계약직으로 2~4년 추가 근무하기도 한다. 인생 2막을 위해 재취업을 선호하는 추세는 노후 대비를 위해 일정한 소득을 추구하는 경향으로 해석된다. 노후를 보장받기 위해 장기간의 취업은 현실적으로 어렵다는 점을 직시할 필요가 있다.

통계청의 '2020년 인구주택 총 조사'에 따르면 그해 11월 기준 베이비부머를 포함한 65세 이상 노인 인구는 820만 6천 명으로 노인 인구 비율은 15.5%에서 16.4%로 증가하였다. 유엔은 65세 인구 비율이 7% 이상이면 고령화사회, 14% 이상은 고령사회, 20% 이상은 초고령사회로 분류하고 있다. 50세 미만에서는 인구와 취업자가 크게 감소하는 반면, 50대 이상은 크게 증가하는 역전현상이 빚어지는 것이다. 이러한 현상은 노후대비를 위한 개인적, 사회적 심각성을 여실히 드러낸다.

2021년 통계청의 '사회 조사'에 따르면 가구당 노후에 필요한 생활자금의 준비 대상자의 절반 이상인 60.9%가 국민연금에 의존한다. 노후 생활을 영위하기 위한 지속적인 자금이 절박한 이유이다.

그렇다면 안정된 노후 생활을 위해 경제적인 측면을 어떻게 대처해야 할까. 현실적인 재취업을 우선적으로 고려해야 할까 아니면 다른 방안이 없을지를 고민하게 된다. 서민층인 우리는 안전한 제도적 장치를 활용하는 방안이 가장 실효성 있고 노후에 도움이 되지 않을까. 공적 연금제도의 적극적인 활용 방안이 답이 될 수 있다. 요즘은 노후를 위해 3층 연금구조를 확보하라고 한다. 국민연금, 퇴직연금, 개인연금을 일컫는다. 나는 노후생활의 안정적 자금 조달을 위해 주택 연금제도를 추가로 활용하는 4층 연금 구조를 권하고 싶다.

그 이유는 연금 제도의 특성상 국가와 금융기관이 약관에 따라 일정한 목돈을 매월 지급하기 때문이다. 일정한 직장에 근무하지 않는 자영업자들은 '노란우산 공제회' 가입을 통해 퇴직연금과 유사한 노후 혜택을 받을 수 있다.

최후의 보루인 주택연금은 노후 생활에 효자가 될 수 있기도 하다. 만 65세 이상이면 거주하는 주택이나 아파트를 담보로 약관에 따라 사망 시까지 일정 금액을 지급받을 수 있으며, 남은 금액은 배우자와 자식에게 유산으로 상속할 수도 있다. 굳이 자식들에게 손 벌릴 필요가 없는 장점이 있다.

베이버부머들이 노후 생을 위해 3층 내지 4층 연금제도를 확보했음에도 5층 연금구조의 성을 쌓으려는 추세가 강하다. 기나긴 노후에 대한 불안 심리로 판단된다. 하지만 퇴직 후 제2의 취업도 장기간 보장받기는 어려운 상황이므로, 재취업을 할지 아니면 4층의 연금구조를 활용하여 취미생활을 비롯한 보다 심적으로 여유 있는 노후생활을 누릴지 여부는 개인의 선택에 달렸다. 단지 경제적인 여유만을 추구하다가 노후의 건강과 삶의 중요한 의미를 놓칠 수도 있기 때문이다.

국민연금이나 퇴직연금마저도 노후 생활 유지에 녹록하지 않은데 무슨 황당한 소리냐고 반문할지도 모른다. 그렇다고 노후 문제를 방관할 수는 없다. 우리는 매사가 두 가지로 나뉘는 점을 잘 알고 있다. 상황을 긍정적으로 보느냐 아니면 부정적으로 판단하느냐이다. 겨울 새벽에 수레를 끌고 폐지를 주워 모으는 노인을 나는 자주 본다. 평생 허리띠를 졸라 모은 거액을 사회에 환원하는 평범한 위인도 있다. 나는 그들에게서 삶의 숭고한 의미와 겸허한 철학을 엿본다. 인생 만사가 본인의 생각에 달린 것 아닌가.

또한 연금의 활용법도 개인 상황에 따라 면밀하게 검토할 필요가 있다. 자산 규모와 연금 유형에 따라 지급받을 시기와 지급 방식을 적절하게 결정하자는 것이다. 이를 위해서는 노후 생활에 소요되는 월정액을 미리 산정해 두는 지혜도 필요하다. 이와 더불어 퇴직 후 1년 정도 월계부(月計簿)를 작성하면 노후 생계 자금 산정에 도움이 된다. 이를 산정할 경우 불필요한 지출을 최대한 줄이고 현실적으로 감당할 수 있는 금액을 산출함이 바람직하다. 그렇게 되면 자연스럽게 연금을 수급하는 방식을 중장기적으로 결정할 수 있다.

국민 연금은 다른 연금제도보다 수익률이 높으므로 지급 시기를 최대한 5년까지 연기할 수 있는 장점이 있다. 퇴직 후 바로 수급하지 않고 기간 연장을 하면 수익 이율이 연 7.5%로 증가하며, 사망 시까지 확실한 연금을 보장받을 수 있다. 여태까지 국민연금에 가입하지 않았더라도 본인 외에 배우자도 국민연금공단 홈페이지 또는 전화로 가입을 안내받을 수 있다.

결론적으로 금융권 모험 투자나 주식 투자보다는 국민연금을 비롯한 개인연금제 가입을 최우선으로 권하고 싶다. 20, 30대의 모험적 주식투자인 '영끌(영혼을 끌어들여 막대한 대출로 투자하는 성향)'도 이해하기는 하지만 주식시장의 큰손과 수시로 변하는 주식 시세 등을 감안할 때 안타까운 현실이다.

노후에 과다한 주식투자는 강력히 말리고 싶다. 총자산의 1/10 정도의 여유자금으로 행운의 묘미를 즐기는 정도가 좋지 않을까. 세상에 공짜는 없지 않은가. 주식 시세 하락으로 가산을 탕진하거나 신용 불량자로 전락하는 사람이 꽤 많다. 돈을 위해 가장 소중한 건강까지 삼키는 어리석은 짓은 하지 말자.

젊을 때는 건강의 중요성을 아무리 강조해도 피부에 닿지 않는다. 40 고개를 넘다 보면 건강 검진을 앞두고 내심 긴장되고 불안하다. 무절제했던 음주와 흡연 습관이 그리고 크고 작은 스트레스 때문에 무사히 넘길 수 있을까. 그러다가도 검진이 끝나고 최종 판정표를 받으면 언제 그랬냐는 듯 야릇한 자만심이 되찾아 오게 된다.

귀가 닳도록 들어왔던 건강 챙기라는 말이 귓가에 맴돌지만 건강에 대해서는 그다지 신경 쓰지 않고 살았다. 단지 표준 체중을 고수하려고 했고 가능하면 세상을 긍정적으로 바라보자는 마음이었다. 50대 후반부터 특별한 징후는 없으나 검진 결과표에 한두 가지의 재검진 요청을 통보받아 마음이 편하지 않았다. 결과적으로 몇 번의 재검사를 통해 현재 정상적인 건강 상태를 유지하고 있으나, 건강에 좀 더 신경을 써야겠다는 다짐을 하는 계기가 된 셈이다.

이제야 건강의 중요성을 실감한 것이다. 업무로 인한 스트레스나 불편함을 산행이나 수영으로 해소하는 듯했으나 비염 악화로 수영마저 접었다. 최근 10년 정도 주말농장에서 다양한 작업에 몰두하는 것 외엔 별다른 운동을 하지 않았다. 부모님의 노환 수발로 지친 심신에 휴식을 부여했다는 표현이 적절할지도 모른다.

이러다가 안 되겠다는 생각에 3년 전부터 동네 헬스장에 등록하여 출근 전에 30분간이라도 투자하게 되었다. 될 수 있으면 주 3일이라도 운동하자는 약속이었다.

요즘 들어 나이가 들어감에 따라 건강관리의 중요성을 인식하지만 그보다도 건강상의 적신호에 대처할 보험 가입에 비중을 더 두는 것 같다. 보험 가입은 자신과 가족의 건강 유지와 관리, 사후 금전적 보상 면에서 매우 중요하다. 하지만 건강관리 측면에서 판단하면 순서가 바뀐 게 아닐까. 과거지사야 어떻든 현재 자신의 건강관리가 우선이고 보험 가입은 다음 순서라야 맞지 않은가. 동시에 밟아야 할 과정이라고 보는 것이 더 정확한 표현일지도 모른다.

젊은 시절에 나도 건강관리는 외면한 채 등산이나 취미생활을 담보 삼아 건강을 유지한다고 착각했다. 보험에 대하여 정확히 모른 채 보장성을 염두에 두고 친지의 권유 등으로 가입하다 보니 월 보험료가 150만 원쯤 되었다. IMF 구제금융 시기를 겪으면서 보험에 대하여 재정립했고 전문가의 도움을 받아 중복 상품을 정리하였다. 꼭 필요한 보험 내용을 중심으로 가족 전체의 보험료를 50만원 선으로 줄였다. 매년 갱신주기를 맞는 고액의 의료실비 보험도 재계약을 통해 중요 질병과 상해 위주로 정하여 3만원 선으로 재가입했다.

노후 생의 필수적 자산은 건강이다. 건강을 잃으면 인생 전부를 잃는다. 우리는 자신과 가족의 건강에 관심을 기울이고 잘 알고 있는 걸까. 자신과 가족의 건강관리는 보험 설계나 가입보다 훨씬 중요함을 간과하고 있는지를 다시 짚어 봐야 한다.

건강 유지와 관리는 그렇게 어렵지 않다고 생각한다. 마음의 게으름과 편하고자 하는 육신이 문제이다. 먼저 몸을 챙기자. 돈을 들이지 않고 건강을 유지하는 방법은 매우 많고 다양하다. 예컨대 아침에 눈을 뜨면 바로 일어나기, 명상하기, 팔굽혀 펴기, 스쿼트, 스트레칭, 물구나무 서기 등이다. 승강기 대신 걸어서 오르내리기, 점심시간에 주변 산책길 걷기, 주말에 산행이나 천변 둘레길 걷기도 추천한다. 요즘은 돈을 들이지 않고도 유튜브에서 모든 정보를 실시간으로 접하는 세상이다.

이제 노후생활을 원만하고 행복하게 영위하기 위해서 시간과 돈을 아끼지 말아야 후회가 없을 것이다. 헬스, 요가, 명상 등에 회원으로 등록함으로써 심리적 동기부여를 하는 것도 의지를 습관화하는 좋은 방법이다.

노후의 건강은 아무도 책임지지 않는다. 자신에게 걸맞게 체력 단련하면서 보험 설계도 재점검해야 한다. 중복 여부나 필수적 수혜항목 누락 여부 등이 해당된다. 건강관리는 스스로 움직임으로써 육신에 보약이 될 수 있음을 명심하자. 보험은 건강을 챙겨주는 명약이 아니고 유사시 배우자와 가족에게 경제적 부담을 줄여주는 금전적 보상에 불과하다. 노후가 행복하려면 지금 당장 몸을 움직이자.

취미는 노후를 풍요롭게 한다

취미는 인간에게만 부여된 특별한 선물이다. 신이 인간에게 베푸는 고객 맞춤형 혜택이 아닐까. 취미는 운명의 소용돌이에서 나름 생을 영위하기 위한 친구 역할 같기도 하다.

직장에 얽매어 지내는 동안에 그토록 갈구했던 것을 우리는 제대로 누리지 못한 터이다. 누구라도 자신이 즐길 수 있는 취미를 찾아 누리고 있다면 천만다행 아닐까. 노후에 함께할 친구를 얻었다고 말하고 싶다. 여기에서 골프나 테니스처럼 친구들과 함께하거나 대중성을 지닌 운동은 제외하겠다. 노후 생활에서 그들과 항상 함께할 수 없으며, 언젠가는 홀로 살기에 익숙해져야 하기 때문이다.

우리는 퇴직 후 한동안 자신이 하고 싶은 것들을 해보고 가고자 했던 곳들을 둘러보고 나면 시들해지기도 한다. 별다른 흥미와 지속적인 욕구가 생기지 않는 것이다. 뭔가 재미삼아 몰두하고 보람을 얻을 대상을 새롭게 찾게 된다. 왜 그럴까. 남들이 좋아하기에 나에게도 좋을 것 같다고 생각했거나 인간관계 등으로 마지못해 동참한 게 아닐까 하는 점이다. 진정 내가 원하고 하고 싶은 대상이었다면 분명 그것에 매달렸을 것이다. 취미는 그냥 하고 싶지만 한없이 끌리는 그 무엇을 지녔으며, 취미 생활을 통해 자신에게 성취감을 주기 때문이다. 취미의 대상은 내가 원하고 바라는 연인이나 배우자상을 찾아나서는 과정과 비슷하지 않을까.

그렇다면 내가 원하는 취미가 무엇인지를 확인하는 작업이 필요하다. 우리가 고달프고 힘들 때 위로해 주고 몰두하게 하며, 그 시간이 행복과 충만감을 주는 것이야말로 진정한 취미가 아닐까. 거기에는 남을 의식할 필요도 없으며 나만의 시간을 누리면서 만족하면 그만이다. 우리가 살아가면서 배우자와 가족 외에도 사랑하고 자신을 토닥일 수 있는 대상인 이유이다.

우리의 친구이자 우리에게 보람과 만족감을 줄 대상인 취미를 지금이라도 찾아 나서는 것은 어떨까. 나를 끌어당기는 것, 그것을 바라보거나 관심을 가질 때 마음이 편해지는 것들 말이다. 모닥불을 피우면서 만족하는 '불멍'도 좋고 불멍을 하다가 장작이 아까우면 솟대를 만들어도 좋다. 불에 태워서 다듬은 솟대는 보기에도 그럴싸하고 잘 썩지 않는다. 나는 폐자재를 무작정 태우지 않고 깎고 다듬는 목각과 목공작업을 통해 나만의 조형물이나 소품을 만들게 되었다. 볼품없는 취미생활이지만 그 시간에 행복하고 살아있음을 나는 느낀다. 취미를 너무 멀리에서 찾지 말자. 그것을 함으로써 마음이 편안하고 새로운 동기를 얻는다면 더 좋은 취미가 아니겠는가. 명인, 달인, 창업주에게는 공통점이 있다. 그냥 좋아서 하다 보니 대중에게 알려지게 되었다는 사실을 간과해서는 안 된다.

이왕이면 내가 좋아하는 취미가 만족감을 주며 남에게도 기쁨과 경이감을 느끼게 할 수 있다면 금상첨화가 아닐까. 취미생활은 생각 외로 인생의 윤활유이자 삶에 활력소를 부여하는 경우가 많다. 지금부터 내가 좋아하는 그 무엇을 찾아 나서자. 그 무엇은 다양할수록 좋지 않겠는가. 새로운 시도이자 도전이기 때문이다. 취미도 눈앞을 스치는 사물을 간과하지 않은 관찰력의 산물이자 학습을 통한 시도의 연속이다. 조금씩 나아지고 개선되면 그 또한 그럴 듯한 성과가 아닌가.

우리의 노후 생활은 생각보다 길 수 있으며 지겨운 생활의 연속일 수 있다. 나는 퇴직 전에 새로운 취미 생활을 위해 나의 성향과 체력, 지구력을 향상시킬 운동을 깊이 생각한 적이 있었다. 퇴직 후 버킷리스트의 1순위가 '국궁'이었다. 전통 무예이자 혼자서도 즐길 수 있으며 심신 수양이 근간이기 때문이다. 작년 여름에 집 근처 국궁장에 등록하고 3개월 동안 수련 과정을 거쳤다. 이후 공식적인 궁사 자격을 얻어 매일 오후 국궁장에서 심신 수양을 하고 있다. 입회비를 납부하고 월회비만 내면 전국 400여 개 국궁장을 언제든 이용할 수 있다. 연중 거의 매주 지역이나 전국 대회가 개최되어 실력을 확인하고 고수들의 품새도 배울 수 있다. 부부 궁사도 많아 보기에도 좋을뿐더러 그들과 친교를 맺을 수도 있다. 전국을 누비면서 주변 경관과 토속 음식을 접하고 친구도 만드는 등 장점이 많다. 나는 국궁을 취미 생활로 권한다.

취미는 인간관계에서 얻을 수 없는 또 다른 친구를 만나는 기회이다. 특히 노후 생을 더욱 풍요롭게 하는 반려자임에 틀림없다. 내가 좋아하는 취미는 나를 배신하지 않고 항상 나를 토닥일 것이기 때문이다.

꼭 찾아야 할 자산

노인이 되고 싶은 사람은 아무도 없을 것이다. 육신은 늙어 기력은 떨어지고 체격은 왜소해지며 마음마저 어눌해지기 때문일까. 게다가 질병과 치매까지 얻게 되면 노후는 비참해질 수밖에 없다. 누군

들 그렇게 되고 싶은 사람이 있을까. 우리의 노후 생활은 어느 누구도 장담할 수 없다. 부모님을 뵈러 요양병원에 들를 때면 병원 복도에서 서성이는 노인들을 만나게 된다. 안면이 익은 분들도 있다. 무슨 연유로 이 병원에서 치료 중인지는 알 수 없다. 겉으로 보기 멀쩡해 보이는 노인도 꽤 된다.

부친의 병실에 함께 생활하는 노인들을 살펴보다가 침상에 부착된 인적사항을 우연히 보게 되었다. 50대 초반에서 90대까지 다양함에 사뭇 놀랐다. 나와 별 차이 없는 나이라 궁금했지만 뭔가 사연이 있겠지 하며 고개를 돌렸다. 요양병원에 입원하려면 내 부모님처럼 노환이나 감당할 수 없는 질병 등의 이유로 보호자와 면담하고 담당 전문의가 결정하기 때문이다. 내 부모님도 병원생활에 적응하신 것 같아서 다행이나, 병원 문을 나서는 순간에는 부모님도 병동에서 생을 마감할 수밖에 없을 것 같다는 현실이 안타깝다.

노년기에 집에서 임종을 맞을 확률이 전 세계적으로 10% 이내가 될 것이라고 하이더 와라이치 박사는 『죽는 게 두렵지 않다면 거짓말이겠지만』에서 예측했다. 최근 45개국을 대상으로 임종 장소를 분석한 결과 일본이 78%로 병원에서 임종할 비율이 가장 높고, 중국은 끝에서 두 번째로 19%가 병원에서, 나머지는 집에서 임종한다고 했다. 세계보건기구와 유엔은 앞으로 집에서 임종하는 사람이 거의 없는 현상을 예의주시하고 있다고 하였다.

그 요인은 임종 당사자의 고유한 요인, 질병 종류, 환자에 대한 지원 체계, 경제적 여건과 의료 환경 등 여러 요인이 복합적으로 작용하기 때문이다. 현실적인 측면에서 요양병원에서 치료 중인 노인들은 본인이나 보호자의 재력이 있어야 그곳에서 머물 수 있는 '특혜'를 누린다는 얘기다. 세월이 흐를수록 노년기에 자신의 집에서 임종을 맞이하기는 거의 어렵다는 게 기정사실이다. 믿고 싶지 않지만 이젠 상식이며 우리의 미래 모습이다.

우리는 노년기에 일상생활이 어렵게 되기 전까지는 우리가 바랐던 대로 여생을 꾸려나가야 한다. 외면하고 싶고 슬픈 일이지만 사는 데까지는 의미 있게 살아가려고 노력해야 한다는 메시지에 귀 기울여야 한다. 어떻게 하면 노년을 의미 있게 살 수 있을까. 행복까지 함께한다면 얼마나 좋을까. 결국 '준비된 만남'이 그 열쇠이다. 이 책을 쓰는 이유가 그것이다. 우리는 노쇠화와 자연적 소멸성을 부정할 수 없다. 인간으로서의 불가항력성을 우리의 의지로 뒤집을 수 없기 때문이다.

우리가 노후에 홀로 살아갈 기간만이라도 보람 있게 살아가는 방법을 모색해야 하지 않을까. 돈이면 행복해질 수 있을까. 돈이 풍족하고 건강이 유지되면 우리는 보람을 느낄 수 있을까. 여기에 우리가 찾는 노후생활의 비결이 있다. 바로 노년기의 장점을 찾아 지속적으로 활용하는 것이다. 흔히들 젊은 시절에 정신력으로 버티자는 말을 하곤 한다. 노년기에 들어서면서 어느 순간 그러한 문구는 뇌리에서 사라진다. 심신이 쇠약해진 노년기에 오히려 정신력이 더 필요하지 않을까. 이것이 바로 노년기의 활력소이자 정신적인 비타민이 될 수 있기 때문이다.

나이 들었다고 맥이 풀리고 어깨가 쳐진 채 살아가지는 않는다는 사실을 우리는 자주 발견한다. 대표적인 예가 연세대 명예교수인 김형석 박사이다. 『백세일기』를 비롯한 수필집과 문학작품을 써내는 그이다. 그는 또한 책을 통하여 젊은 세대와 적극적인 교감을 실천하고 있다. 게다가 시국에 대한 우려를 표명하며 신문에 칼럼 기고도 마다하지 않는다. 그의 에너지와 통찰력의 원천은 무엇일까. 내 부친은 95세인데도 시인협회의 원고 청탁에 매년 여러 편을 투고하신다. 그런데도 자신의 무료함을 나에게 호소하는 바람에 힘들 때가 많았다. 우리는 주변에서 적극적인 노년기의 삶을 영위하는 노인을 적지 않게 경험하고 있다.

우리는 노년기에도 불구하고 그들의 삶에 대한 열정과 끈기를 확인하고 배운다. 게다가 그들은 판단력, 통찰력, 예지력까지 겸비하고 있다. 이러한 맥락에서 우리는 그들의 삶의 철학과 마음가짐을 배우고 실천할 필요가 있지 않을까. 결과적으로 노인은 생각 외로 가진게 많다. 삶에 대한 열정으로 무장하고 철저한 마음 관리와 체력 유지를 토대로 창조성을 꽃피우는 삶의 전사가 아닐까. 우리 세대 가운데 그처럼 적극적으로 살며 작품 활동을 하는 사람은 몇이나 될까하고 자문한다. 냉철하게 자신을 분석하고 탐구하자. 저마다 잠재적으로 보유하고 있는 노년기의 심적 보물을 찾지 않고 방치하지는 않았는지 말이다. 우리는 세상을 살아오면서 축적한 경험과 경륜, 인내력, 사물을 바라보는 직관력과 통찰력, 유사시에 작동하는 마음의 조절능력 정도는 모두 보유하고 있을 것으로 믿는다. 바로 이 자산을 꼭 찾아야 한다.

우리는 이러한 보물로 무장한 채 노후 생활을 슬기롭게 헤쳐 나갈 수 있으며, 그것을 토대로 자신을 믿고 실천할 수 있게 된다. 우리는 자산을 지닌 진정한 부자이니까. 그렇게 함으로써 우리 노후는 사회와 주변 환경에 희망과 긍지를 발산하는 빛과 소금이 될 수 있기 때문이기도 하다.

2장

나만의 노후 설계

노후 설계, 한 달이면 족하다

우리가 행복한 노후를 맞이하려면 자아성찰을 바탕으로 노년기의 숙제를 해야 할 때이다. 일상에 대한 감사를 평소 체험해 온 사람이라면 노후 숙제를 해결하는 데 매우 중요한 심적 자산을 이미 보유하고 있다고 본다. 일상에서의 감사는 마음의 평정과 더불어 긍정적인 삶으로 인도하기 때문이다.

숙제는 과거에 배운 것을 확인하고 미래를 준비하는 학습의 도구이다. 우리는 평생 배우고 익혔으며 체험한 터라 진저리나는 반복학습에 대해서는 논외로 하는 게 좋을 것 같다. 노후까지 반복하기에는 시간이 너무 아깝기 때문이다. 우리가 말하는 숙제는 학창 시절처럼 누구에게 점검을 받고 평가받는 측면이 아니다. 이는 우리 스스로 노후의 청사진을 마련하는 작업이다. 따라서 각자의 노후 생에

담을 계획과 내용에 대한 평가는 우리가 책임져야 하는 부담이 있다. 그래도 강 건너 불구경하듯 인생을 강물에 흘려보낼 수는 없는 노릇이다. 노후를 대비하여 어차피 해야 할 숙제라면 이제 더는 뒤로 미루는 어리석음을 범해서는 안 된다.

우리는 대체로 매사를 미루는 것에 익숙하다. 한참을 미루다가 코너에 몰려 벼락치기로 해내는 순발력 또한 대단했다. 하지만 노후라는 광활한 대양에서 험난한 파도를 넘기 위해서는 체계적인 기획과 치밀한 준비가 선행되어야 한다. 거기에는 유능한 선장도 없으며 조타수와 승무원도 없는 외로운 항해가 될 수도 있다. 그야말로 우리는 노후의 초보자이다. 우리 앞에 닥칠 거친 풍파와 악천후도 예상해야 하며 우리의 숙제를 미룰 수만은 없다.

미국 펜실베이니아 와튼 스쿨의 교수이자 『기브 앤 테이크』와 『오리지널스』의 저자인 애덤 그랜트의 강연이 떠오른다. 'TED Talk'에서 '오리지널스(독창적인 사람)'에 대한 것이었다. 그는 그들을 '일을 미루는 사람'으로 정의했다. 그들의 특성은 맡은 일을 미루고 미루다 마감을 앞두고 순식간에 창의력까지 동원하여 혁기적인 성과를 올린다는 것이다. 성공한 사업가와 저명한 예술가들이 상당수 그러한 성향을 지니고 있음을 강조했다.

레오나르도 다빈치가 '모나리자'를 완성하는 데 16년이 걸렸고, 마틴 루서 킹 목사는 연설문 작성을 미루다가 연설 직전에서야 고쳐서 연설했다고 했다. '페이스북'은 소셜 네트워크 기반이 완성된 후에야 출시했고, '구글' 또한 '야후'가 출현한 지 수년 뒤에 선보이면서 성공했다. 처음 아이디어를 내기는 힘들기 때문에 이미 개발되었거나 상용화된 대상을 등에 업고 자신만의 차별화 전략과 개선 방안을 추가하여 접목시키면 된다는 논리다. '오리지널스'와 같이 일을 미루는 사람은 평소에 태만한 나머지 일을 회피하는 것이 아니라 다른 데에 신경을 쓰더라도 머릿속은 창의력으로 충만한 채 막바지에 진가를 발휘한다는 점을 그는 재차 강조한다. 일에 대한 지연은 생각의 여유를 만끽하는 동안 독창적인 창의성을 창출한다는 논리다. 어느 정도는 나도 동감한다. 나 역시 그런 경험을 했고 그렇게 해왔으니까 말이다. 그러한 논리는 생산성을 추구하거나 특수한 전문분야에서의 업무를 추진하는 경우로 한정하고 싶다. 모든 사람이 '오리지널스'와 같은 사고를 하지 않는 경우도 많기 때문이다.

퇴직 후 건강에 문제가 없다면 천천히 여유 있게 대비해도 된다고 장담할지도 모른다. 퇴직 후 1~2년 정도 마음의 자유를 만끽하면서 선배들과 상의할 시간이 필요한 게 아닌가라고 주장할 수도 있다. 나는 그렇게 생각하지 않는다. 개인적인 구상을 위해 가족여행을 하면서 가족과 상의할 경우라면 바람직할 것이다. 여태까지 살아 온 인생을 반추해 보자. 내 뜻과 계획대로 된 게 얼마나 되는지. 조급해할 필요는 없으나 일정한 시간을 할애하여 계획을 세워 두는 것이 현명한 처사이다. 노후 준비를 위한 대책을 세우는 데 어느 정도의 시간이 적절할까. 개인별로 천차만별이다. 너무 장기간을 두고 고민할 필요는 없다. 한 달이면 충분하다. 길어도 3개월 이내로 권한다. 고민만 하다가 노후를 보내는 어리석음을 범하지 않기를 바랄 뿐이다.

애덤 그랜트의 주장에 반론을 제기하는 것은 아니지만 나는 인생의 황혼기인 노후 생활을 설계함에서 결코 미룰 일이 아니라는 점을 다시 강조한다. 퇴직 전후의 독자라면 여건과 상황이 어떻든 간에 이 책을 덮는 순간부터 노후 대책을 준비하자. 우리 인생은 남에게 보이기 위한 것도 아니며 그렇다고 누가 평가하는 것도 아닐 테니 미리 심사숙고하자. 어려운 일은 아닐 것이다. 정답은 없다. 내가 살아가야 할 나만의 길이기 때문이다. 출발이 서툴고 볼품없으면 어떤가. 나에게 충실하고 내가 만족하면 그게 행복이고 천국 아닌가.

개인 심리학의 창시자인 아들러는 『아들러 심리학』에서 이렇게 말한다.

> "우리는 스스로 자신의 인생을 만들어 가지 않으면 안 된다. 그것은 우리 자신의 과제이며 우리는 거기에 대처할 수 있다. 우리는 행동의 주인이다. 낡은 것이 변화되고 뭔가 새로운 것을 창조해야 한다면 그 일을 수행할 사람은 바로 우리 자신이다."

아들러 또한 우리의 인생을 우리가 헤쳐 나아가야 할 자신의 과제로 규정하고 미래지향적인 행동철학을 요구하고 있다. 그는 사회적 연대, 공동체 의식, 개인의 용기와 노력이 결합함으로써 우리의 미래가 긍정적으로 바뀌게 된다는 확고한 믿음을 강조하였다. 더구나 인간이 자신의 문제를 직면하고 극복할 용기를 가지면 변모할 수 있다고 설파하면서 만일 자신이 아이들에게 하나의 재능을 줄 수 있다면 용기를 주겠다고 하였다.

아들러의 주장으로부터 우리는 행복한 노후 생을 위한 주인 의식과 긍정적인 용기를 확인할 수 있다. 어차피 해야 할 숙제라면 우리는 어떻게 해야 할까.

자신의 탐구를 통해 나름대로 도출한 호불호나 취향에 우선순위의 추진 목록을 재검토해 보자. 이제는 그것을 토대로 실천항목을 시간대별로 정리해 보는 것이다. 개인 성향에 따라 하고 싶은 내용을 조합하여 밑그림을 그리는 작업이다. 바로 노후를 위한 청사진이다. 꼭 풀어야 할 숙제라 생각하고 일정한 시간을 할애하여 실행에서의 타당성과 합리성을 따져 보자. 이게 과연 내 인생의 후반기를 나와 함께 갈 만한 가치가 있는 친구인지를 객관적 입장에서 바라보는 것이다. 어느 정도 정리되면 가장 신뢰하는 전문가인 아내에게 진솔하게 설명하자. 그의 눈은 촉촉해질 것이고 신뢰의 눈으로 당신을 바라볼 것이다. 그는 이제 나와 함께 배를 타고 갈 공동 선장이자 조타수로서 우리는 혼자가 아니며 항상 내 옆에 있다는 든든함까지 느낄 것이다. 이렇게 되면 우리는 큰 숙제의 부담을 덜게 된다. 어차피 해야 할 숙제라면 지금 당장 하자.

호스피스 간병을 위한 컨설턴트 역할과 봉사활동을 반평생 동안

해온 버나드 오티스는 『품위 있게 나이 드는 법』에서 노년기 삶의 지혜로서 괴테 시인의 유명 구절을 인용한다.

> "네가 할 수 있거나 할 수 있다고 꿈꾸는 일들을 시작하라.
> 새로운 일을 시작하는 대담함 속에
> 천재성과 힘, 그리고 기적이 숨어 있다.
> 지금 바로 시작하자."

그는 노년기의 실천철학으로서 제대로 살기 시작해야 하며, 이는 곧 준비가 된 노후 생을 맞아야 한다고 한다. 그렇게 해야 '확실하게 입증된 삶'을 살 수 있다고 강조한다.

나이 듦을 삶의 과정으로 받아들이고 의기소침하지 말자는 것이다. 이제 노후 생을 위한 밑그림이 준비되었으니 자신감이 들지 않은가. 자신을 믿고 과감하게 나아가기만 하면 된다.

이젠 거미처럼 살아야 할 때

고향을 등지고 요양병원 생활 4년째인 부모님을 뵐 때마다 먼저 고향집의 근황을 빼놓지 않고 나에게 묻곤 하신다. 조상을 모시는 재실은 어떠하며, 안채 뒤뜰에 있는 은행나무는 작년 태풍에 부러졌는데 지금은 상태가 어떠냐 등등. 나는 일주일 전에 예초하고 집 관리를 해온 터라 걱정하지 않아도 된다고 말씀드렸다. 자식 걱정은 안 하시고 고향집과 수목 걱정만 하시는 부모님이 야속할 때도 있다. 하지만, 오랜 세월 동안 두 분이 가꿔 오신 생가에 대한 깊은 애착심을 너무도 잘 알기에 씁쓸한 표정을 접고 만다.

부모님을 병원에 모신 이후 고향집을 관리하기 위해 여름에는 한 달에 한 번 관리를 해야 했다. 집터가 넓은 데다 수목이 울창하고 재실과 대숲에 싸인 초당 관리는 만만찮은 작업이기 때문이다. 예초와 전정만 하는 데도 꼬박 하루 이상을 잡아야 한다. 집에 들어서면 사람이 살지 않음을 실감한다. 사람의 온기가 느껴지지 않고 수목과 잡초들이 나와 한바탕 전쟁을 치르기 위해 긴장하는 느낌이었다. 안채로 들어서는 순간 거미줄이 얼굴에 들러붙으며 마음이 불편해진다.

작업복으로 갈아입고 본격적인 작업에 들어갈 땐 사뭇 비장할 때도 있다. 여름에 예초하다 보면 땀은 비가 오듯 흘러내리고 모기떼는 나를 집중 공략한다. 작업을 마친 후 청량감과 보람을 맛보기 전까진 고역이다. 땀을 닦고 휴식하는 동안 눈앞에 펼쳐진 전경을 바라보니 가관이다. 거미 종류도 다양했다. 한참 동안을 바라보다 구석구석에 쳐놓은 거미줄부터 훑어냈다. 안채 뒤편의 계단에 올라 초당을 쓸고 예초 작업을 해야만 했다.

초당에 들어서자마자 새까만 모기들이 기다렸다는 듯 나를 향해 윙윙 거렸다. 정말 고역이었다. 땀 냄새를 맡고 먹잇감을 향해 모기들이 돌진하였다. 부친은 대숲과 초당에서 시상(詩想)을 떠올리셨지만 나는 이곳에서 모기와의 혈투를 하는 것이다. 예초하고 난 후 초당에서 바라보는 마을은 평온한 만족감을 준다.

고향집은 점점 사람 사는 집으로 변모했다. 나는 집안을 둘러보며 손 볼 데가 없는지 꼼꼼히 살펴보았다. 얼마 지나지 않아 더 큰 보수 작업을 할 수도 있기 때문이다. 그런데 오전에 걷어치운 거미줄이 또 보이지 않는가. 거미 한 마리가 대대적으로 신축공사 중이었다. 정말 놀라운 일이다.

다시 거미줄을 치우면서 머리에 스치는 것이 있었다. 개미와 거미는 생태적으로 확실히 다르다는 사실. 그들은 완전히 다른 삶을 살고 있다. 순간, 거미의 재공사를 막기 위해 살충제를 구석구석 뿌려서 시간을 버는 방법이 최선이라 생각하였다.

대전 톨 게이트에 들어서며 톨 부스에서 통행료를 징수하는 홀로 방 아주머니를 보는 순간이었다.

아, 너무도 자명한 홀로살기로구나.

우리는 직장을 비롯한 사회생활을 하면서 서로 상의하고 돕는 개미의 생활에 익숙해져 있다. 그러나 노후에는 그러한 생활이 유지될 수 없고 결국 죽을 때까지 홀로 인생을 사는 수밖에 없다. 배우자와 가족이 있기도 하지만 그들 또한 나와 영원을 기약할 수는 없다. 사랑하는 아내도 언젠가는 이 세상을 떠날 것이다. 우리는 혼자다. 아내 역시 마찬가지다.

거미에 관한 커다란 지혜를 얻게 되어 여생에 큰 힘이 될 것 같은 느낌이었다. 다음 날 아침 컴퓨터를 켜고 거미의 생태를 두 시간 넘게 검색했다. 거미 관련 서적도 찾아보며 신비스런 생태계를 공부하게 되었다.

나의 예상대로 맞아떨어졌다. 거미는 홀로 자신만의 네트워크에서 살아가는 독특한 동물로서 우리에게 시사하는 바가 크다. 또한 모기를 비롯한 해충을 먹어 치우는 인간의 아군 역할을 하는 것임에 틀림이 없다. 우리가 살아 온 조직사회와 앞으로 영위할 노후생활의 관점에서 개미와 거미의 생태를 비교한 결과는 다음 표와 같다.

미국 캘리포니아 대학의 생물학 교수인 셰릴 하야시 박사는 '거미줄의 놀라운 세계'라는 주제로 TED Talk에서 연구 결과를 발표하였다. 그에 따르면 거미는 전 세계에 4만여 종이 분포하며, 인간의 출현보다 훨씬 오래전인 3억 8천만 년 전부터 지구상에 생존해 온 동물로서, 거미줄을 방출하는 방적돌기 주변에 최대 7개의 분비샘을 지녔다고 설명하였다. 거미줄은 100% 단백질로서 강철보다 단위면적당 약 3배의 강도와 유연성을 지녔다. 의료, 군사용, 산업용 소재 등 거미의 DNA에 대한 연구는 인류에 기여할 분야가 매우 광범위하다고 하였다.

<개미와 거미의 생태 비교>

개미	거미
・집단생활(조직)	・단독생활
・주거 : 지하땅굴(반영구적)	・주거 : 공중(가변적)
・먹이포획방법 : 사체 등 집단포획, 이동	・먹이포획방법 : 진동 감지(Sensing)후 포획
・위협대비 : 집단응징, 초입 담쌓기	・위협대비 : 잠적 후, 훼손시 재구성
・정보수집/분석 - 상호 의사소통 / 결정	・정보수집/분석 - Networking에 의한 자가 판단

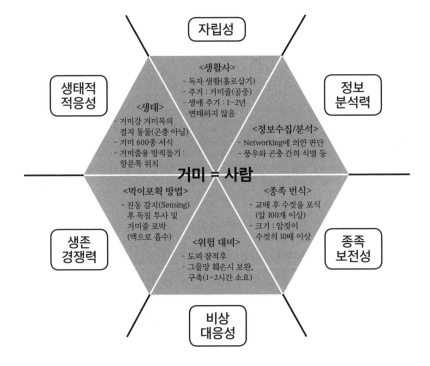

자립성

생태적 적응성

정보 분석력

생존 경쟁력

종족 보전성

비상 대응성

<생활사>
- 독자 생활(홀로살기)
- 주거 : 거미줄(공중)
- 생애 주기 : 1~2년
  변태하지 않음

<생태>
- 거미강 거미목의
  절지 동물(곤충 아님)
- 거미 600종 서식
- 거미줄용 방적돌기 :
  항문쪽 위치

<정보수집/분석>
- Networking에 의한 판단
- 풍우와 곤충 간의 식별 등

거미 = 사람

<먹이포획 방법>
- 진동 감지(Sensing)
  후 독침 투사 및
  거미줄 포박
  (액으로 흡수)

<종족 번식>
- 교배 후 수컷을 포식
  (알 100개 이상)
- 크기 : 암컷이
  수컷의 10배 이상

<위험 대비>
- 도피 잠적후
- 그물망 훼손시 보완,
  구축(1~2시간 소요)

<거미의 생태전략과 노후 생의 유사성>

이와 같은 거미의 생태적 진실은 개미와 같은 조직생활에 익숙했던 우리에게 시사하는 바가 클 것으로 생각된다. 우리는 통상적으로 은퇴 전에는 직장과 같은 조직에서 집단생활을 하면서 상호 협력관계로 살아간다. 그러나 조직사회를 떠난 노후의 삶은 어떨까. 퇴직 후에는 자신만의 자유로운 시간을 기반으로 거미와 같은 생활을 해야 하지 않을까. 가족을 포함하여 나이가 들수록 자신의 곁을 떠나는 운명적인 삶이 될 수밖에 없기 때문이다.

우리는 노후에 어떻게 해야 하는가. 홀로 살기를 위한 홀로서기의 학습과 더불어 이에 익숙해져야 한다. 따라서 세상을 바라보는 시각과 자신의 삶을 영위하는 방식을 유연하게 바꿀 수 있도록 노력해야 하며, 남에게 의존하는 방식을 가능한 한 탈피해야 한다.

이와 더불어 자신이 진정 하고 싶은 취미나 일거리를 찾아 실행해야 할 것이다. 이러한 생활방식과 습관은 자신의 건강을 유지하게 하고 정신적 독립성을 보장하며, 자신의 자존감을 유지해 줄 것으로 나는 믿는다.

현재 가족과 아내와 또는 남편과 함께 살고 있더라도 사소한 집안일부터 시작해 보는 것이다. 점점 외부로 확장하면서 하나하나씩 혼자만의 생활 영역을 구축해 나감이 필요하다. 지속적으로 일신우일신(日新又日新)하는 것이다. 나는 노후 대책이 대단하고 거대한 사업을 수행하는 것은 아니라고 생각한다. 이러한 생활양식과 실천철학이 선행되어야만 본격적인 노후설계의 결실이 다가올 것으로 믿는 이유이다. 그렇지 않다면 우리의 노후는 사상누각이 될 게 뻔하지 않을까. 우리는 노후에 거미처럼 홀로서기 하면서 홀로 살아갈 마음가짐을 염두에 두어야 할 때이다.

코로나의 역설, 지금이 노후 설계의 기회

코로나 바이러스(COVID-19) 때문에 우리는 생활패턴이 바뀌었다. 보건복지부에 따르면 이는 눈에 보이지도 않은 매우 미소한 입자로서 머리카락의 1/500 정도라고 한다. 이렇게 작은 바이러스가 전 세계를 죽음과 공포의 팬데믹 세계로 몰아가고 있다. 최첨단 과학기술과 의술로 무장하고 우주 진출과 정보통신기술에서 승승장구하던 지구촌 사람들이 역설적이게도 미소한 입자 무리에 참패를 당한 형국이다. 그 원인으로 인류의 오만과 자만, 환경 파괴를 주장하는 이들이 많다. 어찌되었든 우리는 난국을 하루빨리 탈출해야 한다. 백신과 치료제를 떠나서 마스크 외엔 속수무책인 지경이 안타깝다.

사람을 만나기 두렵고 식재료나 생활용품을 사러 외출하기도 찝찝한 세상이다. 게다가 장기간의 두문불출로 인해 코로나 블루라는 정신적 장애에 이어 코로나 블랙까지 호소하는 이들이 점점 늘어난다. 이런 상황을 어떻게 극복해야 할까. 이 상황은 언제쯤 종식될까. 이에 대해 확언할 수 없다. 언제까지 노심초사하며 마음대로 활보할 날을 기다려야 하는가. 참으로 답답하고 암담하다. 현 상황은 경제적 최악의 위기로 치닫고 있다. 모두 힘들고 죽을 맛인 세상이다.

하지만 우리는 총체적 난국을 슬기롭게 극복해야 한다. 의학계나 정신심리학분야 전문가들의 견해를 떠나서 우리 스스로 새롭게 무장해야 한다. 바로, 우리 자신을 탐구하고 계발하는 시간으로 활용해야 한다는 것이다. 우리가 인생을 좌지우지할 고등고시나 취직시험을 앞두고 있다고 가정해 보자. 도서관이나 집에서 공부할 경우도 있지만 대부분은 인적 드문 사찰이나 고시촌을 찾아가게 된다.

우리는 노후를 준비하는 초보자이다. 노후 설계를 위해 막막한 상황을 타개하고 해결하기 위한 중요한 시점이다. 결국 코로나로 인한 외적 요인에 굴복할 수는 없다. 조금 답답하겠지만 일생을 걸고 노후 대비를 위해 시간을 투자하고 노력해야 한다.

우리는 역설적이게도 동굴의 박쥐로 변신함이 어떨까. 박쥐는 낮과 밤을 거꾸로 사는 포유류다. 시력은 매우 나쁘지만 이동할 때 초음파를 발생시켜 사물을 감지하고 활동하는 유일무이한 포유류이다. 낮에는 잠으로 체력을 충전하고 밤에는 먹잇감을 찾으려고 동굴을 떠나는 생태적 진리를 우리의 생활에 역이용하자는 것이다. 언젠가 코로나 사태도 종식될 것이다. 우리는 현재의 고통스런 시간을 전화위복의 기회로 삼아 현명하게 대처해야 한다. 차분한 마음으로 심도 있게 검토하고 심층 취재할 수 있는 절호의 기회일 수 있다.

모든 생활이 집 안에서 가능한 시대임이 우리에게는 매우 고무적이다. 스마트폰과 인터넷이 그것이다. 노후 대비를 위한 자신만의 설계를 하는 데는 정보를 얻기 위한 자료 수집에 상당한 시간과 노력을 투자해야 함은 당연하기 때문이다.

요즘 정보통신 분야의 회사들은 특정 기기나 소프트웨어 개발을 위해 직원들의 출퇴근에 유연성을 정착시키고 있다. 개인별 생체리듬에 맞춰서 출퇴근을 유도하며, 개발 작업의 집중도가 높은 야간 시간대는 홀로 방이나 홀로 사무실에서 근무하기도 한다.

'개인적 거리' 개념을 주창한 미국의 인류학자 에드워드 홀은 저서 『숨겨진 차원』에서 사람의 공간을 인간관계에 따라 네 가지로 구분하였다. 가족과 연인간의 '친밀한 거리(0~45cm)', 친구 사이나 타인의 침해를 받고 싶지 않은 거리인 '개인적 거리(45~120cm)', 사회생활에서 교류하는 거리인 '사회적 거리(120~360cm)', 야외 공연이나 연설을 위한 '공적 거리(360cm 이상)'를 말한다.

이와 같은 답답한 현실에서 우리는 두 가지의 거리 유지를 병행함이 바람직할 것이다. 야외에서 코로나 예방을 위해서는 '사회적 거리'를 유지해야 하며, 내실 있는 노후설계 방안을 모색하기 위해서는 남으로부터 간섭받지 않는 개인적 거리를 유지하면서 몰두하는 것이다. 칙칙하고 어두운 동굴생활이 되겠지만 이 시간을 밝은 미래로 나아가기 위한 도약기로 생각하면 어떨까. 지금이야말로 자아성찰을 기반으로 노후 설계에 몰두할 절호의 기회가 아닌가. 이러한 기회의 시간은 노후의 홀로살기를 위해서도 우리에게 새로운 경험을 제공할 것이며, 노후 생활에 디딤돌이 되지 않겠는가 하는 점이다.

우리가 염두에 두어야 할 또 다른 사안이 있다. 코로나 사태는 인류를 위협하는 전초전에 불과할 수도 있다. 지구 온난화 때문에 빙하가 녹거나 극지대의 동토가 풀리면 우리 인류를 또 다시 위협하는 고대 세균이나 바이러스가 다양하게 출현할 수 있다는 점이다. 이러한 사실은 2016년 러시아 시베리아의 야말로네츠 자치구에서 12세 목동이 탄저병으로 숨졌고 주민 8명이 감염되었으며 순록 2,300여 마리가 죽은 사건이 이를 입증한다. 게다가, 뉴질랜드 캔터베리대학의 바르사니 박사 연구팀은 2014년에 결빙되었던 캐나다 순록의 700년 된 배설물에서 고대 바이러스를 소생시킴으로써 이에 따른 전염병 확산이 가능하다는 사실도 증명하였다. 한국극지연구소의 이상훈 박사 역시 빙하 속 세균이 인간의 면역이나 기존 치료약이 듣지 않는 새로운 전염병을 야기하는 최악의 상황도 도래할 수 있음을 경고했다.

이러한 연구 결과는 우리가 겪고 있는 코로나 사태에 이어 언제 닥칠지 모르는 재앙에 대해 시사하는 바가 크다. 우리가 살아 있는 한 코로나 사태만으로도 인류가 잘못 뿌린 씨들로 인해 대가를 치르고 있다는 사실을 교훈으로 삼아야 할 것이다. 눈앞에 전개되는 코로나보다 더 센 놈들이 오게 되면 우리는 동굴생활로 복귀하게 될지도 모른다.

철학자인 다비드 구트만은 인생에서의 난관을 다음과 같이 이야기했다.

"자신에게 의미를 주던 것을 상실한 사람은 자신에게 떨어진 운명을 극복할 수 없다고 생각하기도 한다. 그러나 상실에 대한 태도를 바꾸면 실존의 의미를 새로 발견하여 정신적으로 치유될 수 있다. 노인이 인생을 살아가려고 분투할 때 꼭 입어야 할 갑옷이 2개 있다. 그것은 인생에 '예'라고 대답할 수 있는 인간 고유의 능력과 로고테라피에서 말하는 저항 정신이다."

구트만의 '실존철학'의 의미가 우리의 노후에는 꼭 새겨야 할 화두이자 실천철학이다. 우리는 노후에 긍정적인 마음가짐으로 세상을 바라보면서 예측 불가능한 미래에 대해 극복할 수 있는 정신력을 키워 나아갈 수밖에 없다.

노후 설계의 핵심으로 들어가자

다가올 노후 생활을 위한 계획을 준비하기 전에 현재까지 살아온 세월을 한 번쯤 정리할 겸 반추할 필요가 있다. 이것은 과거의 자신을 냉철하게 파악하는 시간이 의미 있다고 생각하는 이유이다. 동일한 전철을 되밟지 않기 위한 사전 포석일 수도 있다. 여태 살아오면서 자신의 인생에 대한 목적의식을 갖고 살아왔느냐 하는 화두에 대한 자문자답이 그것이다. 우리는 이러한 화두에 자신 있게 답변하기는 어려울 것이다. 그것에 '예'라고 답할 수 있다면 그 사람은 성공적인 삶을 살고 있다고 말하고 싶다.

우리는 직장에서 생활하다 보면 자못 자신의 인생에 대한 목적의식을 간과할 경우가 많다. 그렇게 하루하루를 보내면서 업무의 성과에 매인 채 정신적·물질적 보상에 자신을 놓아버리기도 한다. 그러던 어느 날 갑자기 '나는 무엇을 위해 불철주야 앞만 보고 뛰었는가?'라고 묻게 된다.

노후라는 대명제가 성큼 다가온 지금 우리는 현실을 직시할 필요가 있다. 과잉경쟁의 포화 상태에서 살아남아야 하는 운명체이자 서로 도와야 살아갈 수 있는 상반된 논리회로 속에서 우리는 부득이 지내야 하기 때문이다. 노후 생활을 불안해하는 이유가 뭘까. 재산, 건강, 일거리가 우리를 만족시킨다면 노후를 과연 안심할 수 있을까. 다시 신중히 생각해야 할 문제이다. 이러한 이유로 인간의 생에서 본질적인 문제를 거론하지 않을 수 없다. 진 코헨이 주장했던 '창조적 노화' 모델이다. 이 모델은 노년기에만 해당하는 특정한 '목적의식'이 아니라 젊은 층을 포함한 모든 사람에게 확대 해석해도 바람직할 것이다. 살아 있는 이유를 깨우치는 담론이자 인생의 의미를 재확인하게 하는 표상이기 때문이다.

평정심을 갖고 차분하게 우리의 노후설계라는 동굴을 탐색해 보자. 발을 과감히 딛고 나아가자. 자신의 과거를 확인한 만큼 이제 더는 동일한 실수나 오류를 범해서는 안 될 것이다. 그렇다고 타고난 성향이나 습관을 일시에 바꾸자는 것은 아니다.

첫 단계로 자신이 지닌 외적·내적 성향과 생활철학, 행동양식을 비롯한 진정한 모습을 그대로 바라보는 것이다. '나는 이러이러한 사람이다', '나는 무엇을 좋아하고 흥미를 느낀다', '이것만큼은 꼭 해보고 싶다'라는 것들이다. 자신이 싫어하는 것과 감당하기 힘든 것들을 포함하여 기록해 두는 것도 좋은 방법이다. 무엇인가를 결정할 때 이제는 자신의 가치관에 맞지 않고 싫어하는 일까지 할 필요는 없기 때문이다. 이것이 자아성찰을 통한 자기만의 철학이자 행동양식이 될 수 있을 것이다. 이 과정은 자신의 탐구를 통해 누에가 명주실을 뽑아내듯 하나하나 도출하여 정리하는 과정이다. 다양하고 많을수록 좋다. 이러한 탐구를 통한 도출 과정은 개인별 성향과 여건에 따라 시간적 차이가 있을 수 있다. 일주일 만에 가능할 수도 있고 한 달 이상이 걸릴 수도 있다. 그렇다고 몇 개월에 걸쳐서 머리를 싸매고 고민할 필요는 없다. 한 달 이내에 작성함을 원칙으로 세워두자.

다음 단계로, 도출된 내용 중에서 자신이 하고 싶은 사항을 최우선적으로 검토하여 우선순위를 재정리하자. 재취업, 공인중개사, 원예사, 요리사 자격증 준비, 색소폰 교습, 스페인어나 중국어 교습 등 얼마든지 있을 수 있다. 배움이 싫다면 여가 활동을 위한 취미 발굴과 체험학습 또한 좋다. 체력관리를 위한 스포츠 댄스나 헬스 동호회 가입은 사교성을 증진시킬 수 있다. 노후에 만족감을 증대시킬 수 있는 기부활동이나 종교적 봉사활동이 부가된다면 금상첨화이다.

이후 자신의 취향에 따라 우선순위를 매겨보자. 자신의 내면에 비친 다양한 잠재적 요소와 취향을 탐구하는 단계이기 때문이다. 중요한 것은 노후에 즐기면서 꾸준히 할 수 있는 것, 게다가 보람을 느낄 수 있는 것이면 더욱 좋다. 이 경우에 재취업을 통한 경제활동에 치중하다 보면 실망감과 무기력이 더욱 우리를 힘들게 하고 침체시킬 수 있다. 이러한 작업은 노후를 위한 장기적인 차원에서 다양하게 포석하는 방식이다.

3단계는 실천 상의 행동양식으로써, 앞에서 도출한 사항들에 대한 목적의식을 접목시키는 것이다. 원예사나 정원사 자격증 취득이 목적이라면, 자격증을 취득하여 취직을 원할 수도 있고, 개인 화원이나 수목원을 운영할 계획을 세울 수 있다. 이후 나름대로 실천하여 부를 창출할 수도 있다. 자격증을 취득하는 목적의식을 사전에 설정한 후 주변 환경이나 공공건물의 생태환경을 대상으로 자신이 직접 가꾸면서 보람을 느끼는 데 주안점을 두는 경우다. 이런 경우 똑같은 자격증을 소지했더라도 전자의 경우처럼 개인적인 이익을 창출하는 측면보다는 대중을 위한 친환경적 환경 조성을 추구하는 후자의 관점이 노후 인생에서 의미 있는 목적의식을 가졌다고 말할 수 있다. 선택은 모두 자신의 몫이다. 그러한 목적의식은 동기가 이타적이고 고결한 만큼 우리는 결국 그들을 기억하고 존경하게 되는 것이다.

개인별 성향에 따라서는 위에서 말한 3단계 순서를 따르지 않을 수도 있다. 미국의 정원사 타샤 튜더와 같이 먼저 확고한 목적의식을 설정하고 활동대상을 설정하는 경우는 흔치 않은 경우로서 초지일관형 인간의 사례가 될 것이다. 또한 자신의 목적의식을 설정한 후 도출된 다양한 사항들을 비교분석하여 행동에 옮기는 경우도 있을 수 있다. 이와 같이 자아탐구를 통한 실천 사례는 개인적 성향과 환경 여건에 따라 다양한 영향을 받을 수 있다. 개인별로 선택의 유연성에 따른 취사선택이 자유로울 수 있다는 점이다.

'맛집 기행' 프로그램을 보면 대부분이 내로라하는 식당이다. 시청자들은 음식 맛이나 친절성에 매료된 나머지 먼 곳에서도 방문하기도 한다. 나는 그들 식당에 대하여 다른 관점에서 관찰했다. '왜, 무엇 때문에 저 식당들을 전국에서 찾아가는 것인가' 하는 점이다. 물론 음식이 특이하고 맛깔나기 때문일 것이다. 하지만 그들의 사연을 들어보면 분명한 목적의식을 가지고 있었음을 알게 되었다. 적어도 그들은 고객의 건강 증진과 최선의 대접을 위한 목적의식으로 무장된 사람들이었다. 상당수의 식당은 IMF 구제금융 이후 실패를 거듭하고 밤을 새우면서 음식을 개발하고 시행착오를 겪었다. 한 식당

주인의 생생한 말이 스친다.

"IMF 구제금융 이후 먹고 살기도 힘들었는데, 수많은 실패 속에서도 식재료만큼은 아끼지 않았어요. 한 달에 음식 개발을 위해 백만 원 이상 들인 적도 많았어요. 그런데도 맛이 수준 미달이면 그대로 버린 적이 많았죠. 날도 많이 샜고 몸이 망신창이가 되어 포기 직전이었죠."

그는 도중에 포기하고 다른 메뉴나 업종을 선택할 수도 있었을 것이다. 다만 그는 고객을 위한 목적의식과 성공을 위한 자기 확신으로 매진했음을 실감할 수 있다. 선택의 유연성과 그에 따른 결과도 우리의 몫이라는 점을 알려주는 사례이다.

우리는 노후 생활을 위한 설계 단계에서 나름대로 목적의식을 가지고 출발해야 한다. 설계의 목적이 돈을 벌기 위한 것이든 또 다른 의미 있는 명분을 갖든 간에 그것 또한 각자의 몫이다. 노후 설계는 어떤 방식으로 세우든 목적의식과 지속적인 실천만이 우리의 노후를 지켜주는 핵심적인 열쇠이다. 우리는 그에 따른 성과로 인해 노후 생에서 보람과 행복감도 느낄 수 있기 때문이다.

있는 그대로 시작하자

M은 몇 년째 매일 카카오톡으로 안부를 전하는 친구이다. 그는

초, 중, 고와 재수와 삼수, 대학까지 함께한 절친이다. M도 작년에 회사에서 퇴직하였다. 매일 연락하는 것도 대단하지만 그런 친구를 둔 내게도 축복과 행운이 아닐까. 한 달 전에 M이 나에게 보낸 내용을 소개한다. 사람이 평생 살면서 화내는 시간 5년, 웃는 시간 겨우 89일, 일하는 시간 23년, 전화하고 화장실 가는 데 각각 1년씩이라는 것이다. 재미있지 않은가. 물론 M에게 근거를 대라면 멋쩍어할 것이다. 대충 셈해 보면 전혀 근거 없는 내용은 아닌 듯싶다. 우리는 살아가면서 자신과 대화하는 시간은 얼마나 될까. (과연 얼마나 될까. 갑자기 머리가 띵해진다.)

　노후를 바라보는 마음의 준비와 대책 강구는 무엇보다도 중요하다. 자신의 성향, 여건, 주변 상황을 감안하여 그야말로 충실하게 세워야 함은 더 말할 나위 없다. 우리는 나름 노후 설계를 위한 준비 단계로서 앞으로 하고자 하는 항목을 포함한 청사진을 마련하였다. 각오도 물론 새롭게 할 것이다. 그런데도 마음 한편에선 불안감이 꿈틀거린다. 나름 계획은 세웠지만 이대로 될까. 연말연시마다 숱한 계획을 세웠지만, 늘 실패와 무능함을 경험해 온 내공(?)이 자리 잡고 있기 때문이다. 일 년 농사도 제대로 짓지 못했는데 수십 년의 설계를 한들 제대로 되겠냐 싶다. 자기 신뢰의 부족이다. 자기 탐구의 부실이자 게으른 타성의 동조자인 것이다.

　이제 우리는 행복한 노후를 위해 비장한 각오가 절실한 때다. 불만이 팽배했고 인간관계로 수많은 상처를 입었던 조직생활에서 탈출한 셈이다. 그 사회는 우리에게 조직이라는 명분하에 방패막이가 되었던 건 부인할 수 없다. 이제 우리는 그 조직을 뒤로하고 홀로 떠나는 인생길을 개척하는 시기임을 직시해야 한다. 망망대해를 항해하는 것이다. 우리는 살아오면서 터득한 진리가 있다. 알고 보면 쉬우나 모르면 어렵고 두렵다는 사실이다. 물론 인생살이가 판에 박은 듯 일사천리로 해결될 사안은 아니다. 하지만 치밀하고 철저한 준비는 우리를 배신하지 않는다는 진리도 우리는 안다.

이제 더는 미룰 수도 물러설 수도 없는 상황이다. 앞으로 나아갈 일만 남았다고 확신하는 것이 중요하다. 우리는 망망대해에 올라선 각개 전투형 선장이기에 그렇다. 우리는 자신을 좀 더 냉철하게 들여다 볼 필요가 있다. 자신을 있는 그대로 바라보자는 것이다. 아무런 가식 없이 나를 다시 만나 보는 것이다. 이 청사진으로 어떻게 내 노후를 짜 맞출까. 순서는 어떤 방향으로 정하는 게 좋을까. 선호도 순이 좋을까. 부담스럽지만 어려운 일부터 챙겨야 하지 않을까 등등이다.

일본의 철학자인 기시미 이치로와 작가인 고가 후미타케는 저서 『미움받을 용기』에서 아들러의 용기의 심리학에 대한 실천방안을 구체화한다. 인생의 불행은 과거의 환경 탓이나 능력 부족이 아니라 행복해질 용기가 부족한 것이라는 점이다. 또한 철학자와 청년과의 대화를 통해 다음과 같이 실천적 용기를 재강조한다.

철학자 변할 수 있는 것과 변할 수 없는 것을 구분해야 하네. 우리는 태어나면서 주어진 것에 대해서는 바꿀 수가 없어. 하지만 주어진 것을 이용하는 방법에 대해서는 내 힘으로 바꿀 수가 있네. 따라서 바꿀 수 없는 것에 주목하지 말고, 바꿀 수 있는 것에 주목하란 말이지. 내가 말하는 자기수용이란 이런 거네.

청년　…… 바꿀 수 있는 것과 바꿀 수 없는 것.

철학자　그래 교환이 불가능함을 받아들이는 것. 있는 그대로의 '이런 나'를 받아들이는 것. 그리고 바꿀 수 있는 것은 바꾸는 용기를 낸다. 그것이 자기 수용이야.

토론토 대학 심리학과 교수인 조던 B. 피터슨은 저서 『12가지 인생의 법칙』에서 '당신을 다른 사람과 비교하지 말고, 오직 어제의 당신하고만 비교하라(법칙 4)'라고 강조한다. 현재에 집중하라는 명제 아래 자신만의 내면의 비평가를 십분 활용할 것을 다음과 같이 권고한다.

"정신을 똑바로 차리고 현재 내 주변을 둘러싼 물리적인 환경과 심리적인 환경에 집중하라. 당신을 짜증나게 하는 게 뭔지, 신경 쓰이는 게 뭔지, 걱정거리가 뭔지 정확히 파악하라. 그리고 당신이 바로잡을 수 있는 것과 바로잡아야 할 것에 주목하라. 그런 것들을 손쉽게 찾는 세 개의 질문이 있다.(진지한 태도로 물어야만 정확한 답을 얻을 수 있다)

'이것이 지금 나를 짜증나게 하는 것인가?'
'이것은 내가 바로잡을 수 있는 것인가?'

'정말 나는 이것을 바로잡을 의지가 있는가?'

이 질문 중 '아니오'라는 답이 하나라도 있으면 시선을 돌려야 한다. 목표를 낮춰도 좋다. 당신을 괴롭히는 것, 바로잡고 싶고 바로잡을 수 있는 것이 나올 때까지 찾아보고, 그것을 바로잡아라. 하루면 충분하다. (중략)
한동안 매일 이렇게 해보자. 그리고 죽을 때까지 이 습관을 유지해 보자. 그러면 인생이 완전히 달라질 것이다."

무엇보다 중요한 것은 내 마음이 어떤 모습이고 무엇을 진정 원하느냐는 것이다. 내 마음의 거울에 이 청사진을 투영해 보는 것이다. 자신을 있는 그대로 바라보되 변화의 흐름에 꼭 필요한 부분은 과감하게 개선하는 용기가 절실함이다. 여태 나 자신과 진정한 대화를 하는 데에 인색했기에 말이다. 내 성향에 정말 맞는 것인지, 아니면 미래가 보장성이 있고 꼭 해야 하기 때문에 내가 거기에 미련만 두고 있는 것은 아닌지 등이다. 아무리 바람직하고 할 만한 가치가 있는 일일지라도 내 마음에 부담을 주고 영 내키지 않을 경우라면 보결 선수(?)로 벤치에 앉히자. 그 선수를 아예 자르지는 말자. 그 보결 선수도 언제 다크호스처럼 기회가 됐을 때 적시타나 홈런을 때릴지도 모르기 때문이다. 언젠가 나의 구원 투수가 될 수도 있을 터이니 잠시 생각의 여유를 두자는 것이다.

이러한 심사숙고 과정은 자신의 노후설계를 탄실하게 구축함에서 마지막 기회가 될 것으로 믿는다. 아무리 우수한 선박을 타고 유능한 조타수와 승무원을 둔들 항해 책임자인 선장의 마음에 확신이 없어서야 그 배는 어디로 갈까. 이제는 굳건한 마음가짐과 자신감으로 노후 설계를 구상하고 마련해야 할 시점이다.

노후 설계를 위한 자신의 선호도와 취향을 반영하는 선별 작업도 중요하지만, 이를 실행함에서 추진상의 경중완급 또한 매우 중요하다. 우리가 지닌 것과 주변의 상황에 따라 실행에 변수가 많기 때문이다. 이러한 위험을 줄이기 위하여 SWOT 분석 도구를 활용하면 도움이 될 수 있다. 자신의 현재 상황을 하얀 종이에 스케치해 보는 작업이다. 이것은 과학기술 분야를 비롯한 대부분의 회사에서 사업을 수행하기 전에 의례적으로 현 상황을 분석하는 기본적인 방법이다. 이 방법은 현 상황을 4가지 요소인 강점(Strength), 약점(Weakness), 기회(Opportunity), 위협(Threat) 요인으로 구분하여 분석·검토한 후 미래의 비전 정립에 사용되는 도구이다.

작성법은 매우 쉽다. 자신의 상태를 일기 쓰듯 진솔하게 기입하면 된다. 나는 통상적인 SWOT 분석기법에 독자의 편의성을 도모하기 위하여 다음과 같이 각 요소에 대한 실천 항목을 추가하여 추진상의 도출 작업을 용이하게 하였다. 다음 표와 같이 각 요소별로 생각나는 대로 자신의 성향과 호불호 및 주변 상황을 기록해 보자. A4 용지에 선을 임의로 그어 작성해도 무방하며, 여러 번 작성해 보면 점점 나의 모습이 확연히 드러날 것이다. 머릿속이 정리될 수 있다. 경우에 따라서는 처음 청사진을 구상할 때 이러한 분석 작업을 먼저 수행해도 도움이 될 것이다. A라는 사람을 사례로 기술해 보았다.

사례 : A는 평소에 말이 없는 내성적인 사람이며, 동적인 행위보다
정적인 취미 등을 선호함. 친구가 많지 않으나, 마음을 터놓
는 친구들은 몇 명 있음. 퇴직 후, 그는 퇴직금이 있으며, 보
험은 들지 않음. 배우자와 구직 중인 자녀 둘이 있음, 건강에
자신이 없으며 당뇨병 초기임.

\<SWOT 분석에 의한 실천항목의 도출방안\>

강점(S)	약점(W)	1차 도출안
- 차분한 성격 - 성실한 업무처리능력	- 내성적(?) - 대인관계의 두려움	※ 본인이 원하는 우선순위대로 기술하여 실행 계획에 도입 (예 : 순위)
- 지속적인 작업 선호 - 취미 : 서예, 동양화, 사진	- 대외 교섭활동의 어려움 - 건강에 대한 우려	1. 정밀 정기검진(매년) 및 건강관리
도출사항 : 취미생활 확대, 텃밭운영	도출사항 : 매일 산책하기, 대인관계 개선(동호희 가입)	2. 재무 상담 후, 재태크 방안 강구
기회(O)	**위협(T)**	
- 사무직형 일자리 - 장기적 준비나 대책 마련 - 재능확보 및 홍보(?) - 재능기부 : 업무내용, 서예 학습 등	- 본인의 건강유지(당뇨병) - 퇴직금의 장기간 유지여부 - 유사시 보험 활용을 못함 - 자녀의 취직/혼인비용(?)	3. 취미, 재능기부로 일자리 창출 구상 4. 5년 후, 텃밭 매입 후 운영계획 구상 5. ······
도출사항 : 동호회 가입을 통한 (전국)대회 출전	도출사항 : 실비보험의 가입 및 가계 재무상담 계획	

위의 표는 가상 인물을 정하여 내 의도대로 하나의 예를 제시한 것이다. 이와 같은 작업을 시도해 보면 우리는 머릿속이 정리될 수 있음을 경험하게 된다. 완벽하진 않더라도 우리 자신에 대한 '들여다보기'를 함으로써 그 윤곽은 점점 가시화될 것이다. 확신이 안 선다면 몇 번 반복해 보자. 결과적으로 우리의 노후 생활을 알차게 영위하는 데 분명히 도움을 줄 것이다. 망설이지 말고 움직일 때다. 불안은 우리를 절대 도와주지 않는 못된 친구임을 명심하자.

나만의 맞춤형 노후 설계

I

'세 살 버릇 여든까지 간다'는 속담은 우리에게 아주 익숙하다. 한번 습관이 될 경우 평생 동안 고치기 어렵다는 교훈을 우리는 어려서부터 익히 들어왔다. 그게 도덕적인 문제이든 사소한 생활습관상의 버릇이든지 간에 습관으로 고착화되기 전에 고쳐야 한다는 훈계이다. 성공한 인물들의 일화를 살펴보면 그들 나름대로의 생활습관이 성공으로 이끄는 원동력이 되었음을 알 수 있다. 이는 긍정적인 결과를 낳는 좋은 습관이다. 하지만 부정적인 습관은 부모의 행동을 따라 했든지, 아니면 자신의 편리한 방식에 익숙해서든지 성인이 되어서도 우리를 그림자처럼 따라다닌다.

15년 전 본격적인 겨울 초입에 눈발이 날리는 밤이었다. 그날은 작업하느라 밤 12시를 넘겨 새벽 1시가 다 되어갔다. 일을 마무리하고 사무실 밖으로 나와 보니 세상은 하얀 눈으로 덮여있었다. 차의 시동을 걸어 도로로 나서니 완전히 빙판에 눈이 쌓여 운전대가 제멋대로였다. 다행히 도로에는 차량이 없어서 짜릿한 운전의 묘미를 느끼면서 겨우 집에 도착했다. 거실에 들어서니 아내가 걱정스런 얼굴로 쳐다보며 한마디했다.

"왜 그렇게 전화를 안 받아요? 걱정했잖아요."
"아, 미안해요. 일에 방해가 될 것 같아 진동으로 해 놓은 게 그만."

아내는 답답한 나머지 교통사고를 비롯한 오만 상상을 했던 것이다. 그러고는 심각한 표정으로 다시 캐물었다.

"일도 좋지만 너무 무리하는 거 아니에요? 몇 년째 옆에서 보기가 정말 불안해요. 그렇게 좋아하는 산도 안 가고. 몸이 버티겠어요. 잘 생각해 봐요. 내년부터 수영이라도 좀 해봐요. 40대에 건강 조심하라는데."
"생각해 보리다. 지금 일이 9.11 테러 이후 국가 차원에서 추진되는 법령작업이라 시급한 상황이라, 직원들도 고생하지만, 최종 마무리는 내가 해야 하니."

몇 년간 휴일 없이 일하다 보니 심신이 피로하고 체력이 거의 소진된 지경이었다. 법령 마련을 위해 입법기한을 국회에 상정한 상태이니, 그 일정에 맞출 수밖에 없었다. 해야 할 일이니 최선을 다해 할 수밖에 없었다.

평소에 건강 유지를 위해 운동이든 뭐든 계기를 만들어야겠다는 생각은 했으나 시간에 쫓겨 마음의 여유가 없었다. 아내와 딸, 아들은 모두 수영교습을 받은 지 오래되어 수영대회에 나갈 정도였다. 나는 간혹 농담을 하곤 했다.

"내가 물에 빠지면 너희가 연합작전으로 날 구해야 해. 난 통나무니."

연말이 다가오자 건강이 염려되는 데다 정신적으로도 피로가 무척 쌓인 상태였다. 결국 연구단지 수영장에 교습 일정을 알아보았다. 새벽 6시와 7시에 교습시간이 배정되어 있었다. 긴 고민 끝에 새벽 6시에 교습을 받기로 했다. 7시 반에 수영을 마치고 사무실에 도착하면 9시 출근 전 한 시간 이상을 업무로 활용할 수 있었다. 그런데 문제는 늦어도 5시 반에 기상해야 한다는 점이다. 나는 출장이 아니고서야 새벽같이 일어날 필요가 없는 데다 야행성에 속하기 때문이었다. 휴대전화 알람과 자명종 시계 둘 다 머리맡에 놓고 새로운 운동에 도전했다.

새해 이튿날부터 시작되는 수영교습. 목욕탕 외에는 처음 물에 들어가는 날이었다. 눈앞에 출렁이는 물에 대한 공포감도 만만치 않았다. 이렇게 새벽형 인간으로 탈바꿈하는 데는 반년 이상 걸렸다. 새벽에 일어날 때마다 몸이 무겁고 피곤해서 이렇게까지 스트레스 받으며 수영해야 하나 생각한 게 한두 번이 아니었다. 하지만 수영 후 날아갈 듯한 기분은 생전 처음 느끼는 쾌감이었다. 몸과 마음이 동시에 정화된 듯했다.

그렇게 3개월 지났을까. 발차기부터 물에 뜨는 연습을 겨우 수료하고 본격적으로 자유형에 돌입하게 되었다. 남들은 잘하는 것 같은데 나는 왜 이렇게 무겁고 항상 꼴찌란 말인가 하며 자책하던 차에 딸 또래인 강사가 말했다.

"선생님! 힘 안 드세요? 강습 끝나고 잠깐 봬요!"

강습이 끝나고 조원들이 수영장을 빠져나갈 무렵이었다. 젊어서부터 평행봉, 태권도, 검도, 구기 종목도 웬만큼은 했고, 몸치는 아닌데 별도로 보자고 하니 의아했다. 아주머니들이 나를 힐끗 보면서 키득거리니 창피함과 체면이 말이 아니었다.

"선생님은 그동안 힘이 하나도 빠지지 않았어요. 힘들고 피곤하지 않으세요? 오후 되면 엄청 나른하실 텐데."

"어쩌면 손금 보듯 내 마음을 잘 아시는가?"

"모든 운동이 그렇지만 수영은 특히 힘을 빼야 해요. 물에 뜨기만 해도 살 수 있어요. 겁내지 마시고."

"이런 제길, 내가 여태 겁내본 적이 없는데, 혼자서 겨울철 야간산행도 불사한 사람이야. 왜 이래."

"자! 제가 물속에서 잠영할 테니, 물속에 앉아서 숨을 참고 보세요!"

"와, 저건 사람이 아니야! 인어야, 인어. 아름답기까지 해."

"자, 어때요. 힘을 빼면 이렇게 숨을 쉬지 않고도 물속을 유영할 수 있어요."

"예, 선생님! 감사합니다. 노력하겠습니다."

나는 꼬리를 내리고 정중하게 감사를 표했다. 그가 그때 정확하게 지적하지 않았다면 나는 수영장 물을 몇 양동이 더 마셨을지 모른다. 이후 힘 빼는 데만 1년이 걸렸을지라도 말이다. 그 이유는 근육형이거나 근력 운동을 하는 사람들이 수영할 때 근력을 이용하기 때문에 몸이 경직되기 쉽다는 것이었다. 그래서 그런지 세계 수영선수권 대회에 근육형인 흑인 선수들이 거의 없다는 사실도 이해가 되었다.

II

나의 과거 사례를 구구절절 언급한 이유가 있다. 우리의 노후 생활을 위한 습관의 문제를 강조하기 위함이다. 첫째는 개인별 생체적 리듬이자 습관이다. 둘째는 선천적이든 후천적이든 길들여진 근육의 습관이다. 셋째는 마음을 움직이는 습관인 '생각의 습관'이다. 나만의 노후 설계를 구상하고 마련하기 위해서는 앞에서 언급한 바와 같이 자신의 마음을 정확히 파악해야 함은 더는 강조하지 않겠다. 다만 우리가 마련한 청사진을 우선순위에 따라 본격적으로 실천해야만 진정 의미 있는 노후 설계안이 탄생한다는 사실은 부인할 수 없다.

그렇다면 어떻게 해야 할까. 해결책은 복잡하지 않다. 쉽게 실천할 수 있다. 행복한 노후 생활을 안내하는 책들이 꽤 다양하게 출간된다. 의학적·임상학적 전문가나 노인정신의학과 철학 분야 전문가들의 견해와 담론을 제시하거나, 노인복지 업무와 관련된 경험자들의 사례 등이 주류를 이룬다. 그들의 노후 관련 대비를 위한 방향이나 방법론의 제시에서 매우 고무적이고 마음에 와 닿는 내용과 구절들이 우리의 심금을 울리는 것 또한 사실이다.

하지만 우리는 그에 따른 실천을 위해서는 며칠을 고민하거나 구체적인 실천방안을 마련해야 한다는 점이 아쉬울 뿐이다. 그들이 주장하는 방안이 그들의 의도대로 정신적 위안이나 각성을 위한 견해일 수도 있고 실제 경험에 따른 결과에 대한 긍정적인 메시지일 수도 있다. 그것만으로도 의미 있다. 단지 그러한 전문적인 견해와 방안에 대해 실제로 적용할 방법론을 제시했다면 독자가 실천하는 데에 훨씬 용이했을 것이다.

바로 생각을 실천하기 위한 '생각의 습관화'가 그것이다. 앞서 내가 수영을 배우기 위해 각오한 행위들이 좋은 사례가 될 수 있다. 우리는 새로운 행동을 시도하거나 개선하는 데에는 분명한 이유와 동기 부여가 있어야 한다. 머릿속에 생각이 각인되고 행동으로 옮길 의지가 습관화되어야 한다. 그것이 의식적인 행위이든 무의식적인 행위이든지 말이다. 나는 무의식적인 행위도 무턱대고 생겨나지 않고 자신의 성향과 주변 환경에 따라 의식이 발로된 일련의 행동으로 판단한다. 모든 사람들이 '변화라는 이방인'을 그렇게 달갑게 생각하지 않는다고 나는 생각한다. 그러한 변화가 우리의 심신에 자극을 주며 이해관계를 포함한 영향권에 존재할 경우 부담을 갖고 난색을 표명하는 데에 우리는 익숙해 있다. 왜 그럴까. 현 상태가 안정되고 편하기 때문이다. 더구나 살아가는 데에 큰 문제가 없기도 하며 귀찮은 존재인 연유이기도 하다.

나는 머릿속에 수영이라는 이방인에 대해 건강 유지를 위한 목적의식에 동의하고 생각을 바꿨지만, 새벽에 일어나야 하는 불편함을 감수해야 했다. 이후 수영을 통한 새로운 근육의 숙달 과정을 갈고 닦아야 했다. 수영을 통해 건강관리를 해야겠다는 '생각'이 실천적 의지와 행동으로 발현되기 위해서는 '습관화'가 전제되지 않으면 가능할 수 없음을 강조하고 싶다. 여기에는 자신의 의지와 더불어 정신적 노력을 위해 상당한 시간 투자가 필요하다는 것이다. '그건 당연한 것 아니야?'라고 반문할 수 있다. 그렇다면 당장 그렇게 목표를 두고 한번 시도해 보라. 생각처럼 쉽지 않을 것이다. 더구나 세월에 길들여진 노후를 앞둔 시점에서는 적어도. 그렇기에 우리는 자신에 알맞은 실천 가능한 노후 설계 방안을 중시해야 한다.

III

바로 '맞춤형 노후 설계 방안'이 그것이다. 핵심은 우리의 생각을 습관을 통해 실천하는 방안이다. 아니면 사상누각이 될 게 뻔하다. 나는 노후를 대비하는 과정에서 시행착오와 구상과 고민을 하던 중 맞춤형 노후 설계 방안에 대한 실천적인 해결방안을 3단계로 구분하여 추진함이 바람직하다는 것에 착안했다. 그 내용은 우리가 목표로 하는 청사진과 실행 상의 도출 사항을 대상으로 '생각의 습관화'를 위한 실천적 단계를 제시하는 것이다.

1) 핵심적 실천사항, 2) 유연적 실천사항, 3) 시한적 실천사항으로

구분하여 각 실천항목과 내용상의 연계성을 모색하고 강구한다. 이 작업도 어렵지 않다. 우리는 이미 노후 설계를 위한 큰 틀은 짜놓았기 때문이다. 자신의 성향과 습관을 감안하여 당장 실천할 수 있는 사항은 일주일 단위로(핵심적 실천사항), 목표치를 달성하는 데 추가적 검토나 사소한 습관의 변화에 시간이 필요한 사항은 한 달 단위(유연적 실천사항)로 추진하는 것이다. 마지막으로 상황 변화에 따른 추이를 관망해야 하고 새로운 습관이 요구될 경우는 3개월 정도의 시일(시한적 실천사항)을 할애하여 차분히 추진하자는 취지이다.

우리는 이를 실천하는 과정에서 노후 생활의 안정감을 유지하고 노년기의 자존감을 회복할 수 있다고 믿는다. 이와 같은 추진 과정의 이해를 돕기 위한 사례로서 A의 계획에 따른 실질적인 준비 과정을 다음과 같이 도식화하였다. 이러한 과정이 도출되면 10년간의 노후 설계 실천표를 작성할 수 있게 된다. 이 실천표는 개인별 선택 사항이지만, 실천의 실효성을 도모하는 차원에서 잠재적인 아군이 될 수 있기에 적극 권한다. 인간은 대체로 부정적인 것은 항상 뇌리에 남지만 그 밖의 사항에는 관대하고 쉽게 잊는 습성이 있기 때문이다.

이 실천표가 완성되면 고이 보관하라. 잊지 않고 꺼내볼 수 있도록 말이다. 이와 관련하여 도요다 게이치는 저서 『생각과 행동 사이』에서 "손으로 작성한 메모는 우리 뇌에 각인시키는 효과가 지대하다"라고 강조했다. 더구나 인간은 오감을 동원할수록 기억의 효과가 극대화될 수 있기 때문이기도 하다.

<3단계 맞춤형 노후설계안 및 장기 10년 기획안(예시)>

1. 핵심적 실천사항 (기간 : 1주일)	2. 유연적 실천사항 (기간 : 30일/월)	3. 시한적 실천사항 (기간 : 3개월 또는 반기)
1. 건강문제 : 정밀 건강검진 -실비보험 가입 2. 재태크 방안 : 재무 상담 3. 취미 확대 /활성화, 재능기부 4. 텃밭(전원주택) 운영 구축 5. 일자리 창출 구상	1. 건강유지 : 산책, 등산 등 2. 재태크 : 퇴직금 활용 모색 3. 취미 활성화, 재능기부 - '내일배움카드' 신청/수강 4. 텃밭(전원주택) 운영 계획 5. 구직 : 방안 모색	1. 건강문제 : 운동 생활화 2. 재태크방안 : 활용방안 정립 예)자녀 혼사 비용 등 3. 재능 활성화 : 기부 계획 4. 텃밭으로 한정 : 운영 계획 5. 봉사활동 정례화 6. 구직계획 / 구상(계속)

재검토/보완 : Feedback

※ 참고 : 텃밭 운영과 구직 문제는 시일이 요하므로, A는 Dark horse로 취급, 중장기적으로 고려함.

일정	분기 구분 Subschedule				목 표 Objective	실천사항 Action items	비고
2021	1/4	2/4	3/4	4/4	건강관리	실비보험	재무상담
2022					재능기부	동호회활동	봉사실천
2023					텃밭구입	작물재배	농업센터 교육
2024					...		
2025					...		
2026					구직	성당활동	봉사 연계
2027					작물판매	전문교육	
2028					...		
2029					...		
2030							
최종목표					작물사업 정상화		

←접는 곳

※ 참고 : 분기별로 실천 여부를 체크하거나, 실천항목을 추가할 수 있음.

나는 1986년 3월 3일자로 연구소에 첫 출근한 이래 수평적이고 자유스러운 분위기에 만족하며 연구 업무를 수행했다. 그러던 중 '이대로 맡겨진 일만 하다가 말 것인가, 아니면 나를 위한 미래지향적인 자기계발 방안은 없는가'를 고민하다가 학위 과정을 밟기로 방향을 잡았다. 업무는 선배들에게 배우면서 전문분야에 대한 연구개발 업무를 수행했지만, 퇴근 이후 시간은 자기계발을 위한 개인적 소관이었기 때문이다.

신혼인 데다 첫 딸을 키우면서 맞벌이 생활을 했지만, 마음 저변의 음성은 미래를 위해 시간을 투자해야 한다는 신념이 자리 잡고 있었다. 당시 학창시절의 직장 선배의 특강 내용의 한 마디가 생각났다.

"뭔가 하고자 하는 소망과 뜻이 있다면 당장 메모지에 적든가, 아니면 손수 적어서 품에 지니고 다녀라! 언젠가는 그 분신이 너를 그 곳에 이르게 할 것이다."

그때는 머리로는 이해되면서도 심중에 닿지는 않았다. 특강의 화두가 뇌리에 스치는 순간 나는 소스라치게 놀랐다. 나는 바로 몸에 간직할 수 있는 게 뭘까 생각하다가 명함을 보았다. 명함만한 아트지를 오려 까만 볼펜으로 '나의 미래 비전을 위한 10년 기획안'을 구상했다. 한 달 동안 고민하다가 매년 추진할 실천계획을 수립하고 해마다 핵심적 실천사항을 한 가지씩 적었다. '맞벌이에 직장과 가정생활이 힘들지만 석·박사 학위는 1순위로 추진하자.'라고 다짐했다.

딸을 키우다가 둘째 아들이 태어났고 6년이라는 세월이 흘렀었다. 직장 업무와 학위 공부로 시간이 흐르는 줄 모르고 지냈다. 2년여 동안 실험실에서 암석시료를 정밀하게 다듬고 다양한 파괴강도(破壞强度) 시험을 수행했다. 그 과정에서 안과, 내과, 외과, 피부과 질환을 겪기도 했다.

박사학위 논문 작성에 이어 심사위원들의 승인인장을 받아 인쇄소로 향하는 날은 날아갈 듯 홀가분했다. 아침에 일어나 세수하고 거울에 비친 얼굴은 내 모습이 아니었다. 머리에는 서리가 비쳤다. 인쇄소와 협의를 마치고 계약금을 주려고 지갑에서 현금을 빼내는데 하얀 쪽지가 딸려 나와 바닥에 떨어졌다. 나는 이게 뭐지 하고 살펴보았다. 6년 전 겨울에 내가 작성한 기획안이었다. '어떻게 이럴 수 있지? 석·박사 과정을 정확히 6년 만에 마쳤네.'라고 중얼거렸다.

학위논문을 마쳤다는 해방감도 컸지만 6년 전에 적은 하얀 쪽지의 비밀이 믿겨지지 않았다. 한 직장에서 근무하면서 실험을 도와준 J와 학위 취득을 축하하는 자리에서 감사와 자축하는 우정을 나누었다. 불쑥 하얀 쪽지 사연을 말하자, J는 "종욱인 술 마시면 지갑에서 뭔가를 꺼내 들춰보곤 했거든. 그게 그거 아니야?" 했다. 그제서야 어렴풋이 생각났다. 내가 고민하여 구상한 계획을 마음에만 두지 않고 기록하여 품에 간직하고는 답답할 때마다 그 쪽지를 꺼내보곤 했다. 그 이후 해마다 10년 계획을 세웠다. 그리고 연말이 다가오면 보완하고 수정했다. 나는 그 작업을 지금도 하고 앞으로도 계속할 것이다.

3장

실천과 함께해야 할 것

노후의 고객은 자신

내 직장에는 퇴직대상 동기이자 동갑내기가 나를 포함하여 세 명이다. 회포도 풀 겸 회식에 나섰다. 고기 몇 점에 소주잔을 기울이다 보니 두 사람의 표정이 석연치 않았다. 고기를 너무 얇게 자른 데다 쫄깃한 맛은 별로이고, 밑반찬도 부실했다. 게다가 추가로 반찬을 요청하면 감감무소식이었다. 결국 그 식당은 다시는 가지 않게 되었다.

이 식당은 본사로부터 동일한 식재료를 사용하여 매뉴얼에 따른 조리법을 숙지하고 나름 준비했을 것이다. 하지만 고객을 고려하지 않은 채 의례적으로 운영한다는 느낌이었다.

우리의 노후 설계 역시 자신의 노후 인생길이기에 심혈을 기울여 기획하고 나름 전략을 세울 것으로 믿는다. 하지만 아무리 치밀하고 짜임새 있게 계획한 노후 설계 방안일지라도 그 고객은 우리 자신이다. 문제는 시간이 흐름에 따라 우리의 마음도 변할 수 있고 주변 상황도 바뀔 수 있다. 노후 설계 역시 상황 변화에 따라 가감 수정이 필요하다. 노후 대비를 위한 설계안에 따라 그대로 실천하는 것은 쉬울 수 있다. 앞에서 이야기한 식당처럼 기계적으로 운영하는 것처럼 말이다. 만약 그렇게 생각한다면 우리의 노후는 위험할 뿐더러 큰 대가를 치르기 십상이다.

매사가 내 뜻과 계획대로 따라주지 않기에 우리는 자신이라는 고객에게 충실할 필요가 있다. 노후 생활에 관심이 있고 행복하려면 자신의 맞춤형 설계 방안에 대한 지속적인 관리와 보완이 필요하다. 노후 설계 방안을 1) 핵심적 실천방안, 2) 유연적 실천방안, 3) 시한적 실천방안으로 구분했다는 것을 재차 강조한다. 상황이나 여건에 따라서 2), 3)의 실천 방안을 유연하게 활용하거나 보완하여 실천해도 좋다.

그 식당은 얼마 가지 않아 문을 닫았지만, 우리 동네에 있는 동일한 체인점인 식당은 문전성시다. 기본 메뉴에 싱싱한 푸성귀를 듬뿍주고, 다양한 소스가 일품이다. 게다가 알바생들은 추가로 주문하기 전에 척척 가져다준다.

우리가 설정한 노후 설계안은 현 상태를 기점으로 나름 분석 검토한 초안일 뿐이다. 주변 상황과 세태 흐름이라는 배에 올라탔으면 그 흐름에 따라 운행하는 것은 당연히 우리 몫이다. 변화의 흐름을 직시해야 한다. 자신이 설정한 노후 설계안은 노후 생을 위한 방향 지시자 역할이라는 점을 간과해서는 안 된다. 노후는 일회성 단막극

이 아니다. 기나긴 노후 생을 위해 주기적으로 재검토하여 개선 보완해야 함이 전제되어야 한다.

지난 10년간의 변화를 떠올려 보라. 그리고 10년, 20년 후에는 또 얼마나 변하겠는가. 우리는 세상을 살아가면서 변화의 물결을 거스를 수 없다. 젊은 세대보다 순발력은 떨어지지만 우리에게는 경험, 예지력, 통찰력이 있다. 그러니 우리는 항상 긍정적으로 사물을 바라보며 세태의 흐름을 적극 감지하고 수용하자. 공감하며 꾸준히 함께 가야 한다. 젊은이들에게 묻는 것을 두려워하지 말자. 그래야 유익한 정보를 습득하고 배우게 된다. 그렇게 수집하고 체험한 정보는 노후 대책에 영양제 역할을 할 것으로 믿는다. 그런 다음 자기최면을 걸자. 자신을 믿고 신중하게 한걸음씩 나아가겠다고 다짐하는 것이다.

세태의 변화를 두려워하지 말고 의기소침하지 말자. 천편일률보다는 다양한 양상을 보여주는 이 세상이 신기하고 살만하지 않은가.

경험은 실천의 밑천

주말이 기다려진 것은 10여 년 전부터이다. 아내의 동료 교사로부터 소개를 받아 대전 인근에 땅을 구입한 후부터였다. 예전에는 주로 인근 산을 오르곤 했지만 관심 대상이 바뀐 셈이다. 오랜 세월 동안 올랐던 산이었는데 '농장'때문에 산을 멀리하게 되었는가. 부모의 노환에 따른 마음의 휴식처가 필요한 것도 한몫했을 것이다.

땅을 구입하고 보니 어떻게 운영하고 관리해야 할지 막막했다. 8월 중순의 드센 잡초들과의 전쟁을 치러야 하는 부담이 다가왔다. 게다가 작물을 키우는 것은 생전 처음이었다.

그러던 중, 농장에 정자를 지어 놓으면 쉴 수도 있고 운치도 있을 것 같았다. 내 손으로 정자를 짓는 것도 의미 있어 보였다. 정자의 형태를 스케치했다. 사각지붕보다는 오각지붕이 좋을 듯했다. 자재도 필요하고 엔진톱이나 전동톱도 필요할 것 같았다.

'이거 괜히 시작한 것 아니야. 잘 해낼 수 있을까.'

'포기할까. 잘못 다루다가 다치기라도 하면 도와줄 사람도 없는데.'

경험이 없으면 생소하고 두렵다. 용단이 필요했다. 엔진톱을 구입하고 사용 매뉴얼을 숙지하고 조심스럽게 원통형 목재에 엔진톱을 들이댔다. 주말마다 달려들어 3개월 만에 만족스러운 정자를 완성했다. 세심정(洗心亭)이라는 현판까지 걸었다. 무엇과도 바꿀 수 없는 기분이었다.

몇 년이 지나 숙소 앞에 조성된 데크를 바라보다가 여기에 정자를 올리면 좋을 것 같다는 생각이 들었다. 매년 오일 스테인을 칠해야 하고 지지목이 부패하여 보수해야 하는 상황이기도 했다. 5평쯤인 공간에 정자를 올린다는 작업은 엄두가 나지 않는 대공사였다. 한동안 고민하다가 마음을 굳혔다. 해마다 불편을 감수하기보다 쾌적한 공간을 만드는 것이 훨씬 좋겠다고 결론을 내렸다.

자신감을 얻은 터라 2차 도전을 감행했다. 또 다른 정자를 짓게 된 것이다. 주말을 이용하여 9개월 만에 널찍한 정자를 완성했다. 자생하는 참나무를 기둥 삼아 정자를 짓고 보니 제법 그럴듯하다. 생각이 마음을 바꾸고 실천한 후 느끼는 뿌듯함 자체였다. 정자를 지으려고 시도하지 않았다면 아직도 땡볕에서 일할 것이고 이런 기쁨은 얻지 못했을 것이다. 이러한 경험은 내게 자신감과 삶의 활력소를 부여하는 데 충분하였다.

　우리는 살아오면서 다양한 경험을 하게 된다. 배움과 교육, 부모로부터의 직간접적인 경험과 가르침, 인간관계나 생활에서 접하는 기쁨과 실패에 따른 경험을 포함하여 인생의 희로애락을 수없이 겪어왔다. 문제는 우리가 겪은 경험을 어떤 방식으로 활용하느냐가 관건이다. 이러한 다양한 경험을 토대로 노후 설계에 반영하는 것이 삶을 더욱 풍요롭고 윤택하게 할 것으로 믿는다. 자신이 원하는 것을 처음 시도하는 용기도 필요하다. 자신감을 심어주고 창의성과 도전정신을 샘솟게 하기 때문이다. 몸을 움직이지 않으면 침체되기 쉬우며 의욕도 생기지 않는다.

　상처 입은 경험을 하지 않은 사람은 없을 것이다. 우리가 겪는 역경에 대해 사람들은 두 가지의 유형으로 마음의 결정을 하는 듯하다. 첫 번째는 힘든 과정을 극복하지 못한 채 자멸의 길로 빠져드는 경우이다. 두 번째는 역경을 의지와 희망으로 극복하는 경우이다. 개인적인 성향이나 주변 상황에 따라 다양한 체험을 하게 되고 경우에 따라서는 불가항력적인 측면도 있다. 그렇다고 중대한 노후 생의 문제를 운명론적인 사안으로 치부하면 무의미한 세월의 연속으로 치닫게 될 것임에 틀림없다.

미국 스탠퍼드 대학의 커뮤니케이션학과 교수 클리퍼드 나스는 저서 『관계의 본심』에서 같은 대학의 심리학 교수인 캐럴 드웍이 분석한 성공을 좌우하는 마음의 틀인 '마음 구조(Mindset)'의 중요성을 강조하였다. 그에 따르면 '닫힌 마음(Fixed Mindset)'을 가진 사람은 지능과 능력을 타고난 것이라 죽을 때까지 바꿀 수 없기 때문에 이를 개선하려는 것은 시간만 낭비할 것으로 생각한 나머지 포기한다는 점이다. 반면에 '열린 마음(Growth Mindset)'을 가진 사람들은 노력하면 실패를 성공으로 바꿀 수 있다고 믿으며, 재능은 상관없기에 능력을 키우기 위해 무엇을 해야 할지 스스로 찾는다. 우리는 어떻게 생각하는가?

P는 평생 자영업을 하면서 재산도 모았고 행복한 가정을 꾸리고 있었다. 그런데 갑작스런 국제 금융위기 때문에 부도를 맞게 되었다. 그 여파로 생활고와 더불어 건강까지 잃게 되었다. 급성 심근경색으로 쓰러진 그는 병원에서 장기간을 보낸 후 구사일생으로 살아났다.

P는 그때 살아날 수 있음에 깊이 감사했다. 이제 남을 위해 봉사하며 살아가야겠다고 다짐했다. 당시 P는 70대 초반이었다. P는 유일한 재능인 칼갈이에 몰두했다. 그는 동네에서 무료로 칼을 갈아주었다. 본인이 갈아준 번쩍거리는 칼을 보며 동네 주민들이 만족해하는 모습을 보면서 보람을 느꼈다.

어느 날 동네를 벗어나 전국을 돌면서 이 일을 하면 좋겠다고 생각했다. 중고차를 구입한 P는 바로 실행했다. 전국을 돌면서 줄 서서 기다리는 주민들과 친해졌다. 칼갈이의 대가로 주민들이 끼니를 챙겨주었고 동네마다 수많은 친구들이 생겼다. P는 살아있는 한 전국을 돌며 친구들과 만나 회포를 풀기로 작정하였다. 포부를 묻는 기자에게 P는 "새 목숨을 얻었으니 죽을 때까지 이 일을 할 겁니다."라고 말했다.

IMF 금융위기 이후 많은 사람들이 경제적, 정신적 고통을 겪었다. 난관을 극복하고 타인을 위해 봉사하는 것은 아무나 할 수 있는 일은 아니다. 칼을 가는 일이든 그 무엇이든 발 벗고 봉사한다는 것은 생각보다 그리 쉬운 일은 아니다. 생사기로의 경험은 처절하기 때문에 숭고한 경험이 될 것으로 믿는다. P는 죽음의 면전에서 새 삶을 얻은 행운을 남에 대한 봉사로 승화시켰다.

'살아났으니 저 좋아서 하는 일이지. 칼 가는 게 무슨 대수야.'라고 이야기하는 사람도 있을 것이다. 나는 그렇게 생각하지 않는다. 내가 생각하는 P는 『노인은 없다』의 저자 마크 아그로닌이 주장하는 '창조적인 나이 듦, 즉 재탄생'의 모범적 사례인 프랑스 화가 앙리 마티스를 떠올리게 한다. 마티스는 평생 그림을 그렸으나 질병에 따른 좌절 이후 새로운 기법을 창출했고, P는 칼갈이를 실행한 것이니 뭐가 다른가. 후대에 예술적 가치를 느끼게 한 마티스보다 현 생활에서 주변인에게 봉사한 P의 행동이 더욱 가치 있지 않을까. 나는 그렇게 생각한다.

P처럼 죽음 직전의 체험을 하면 금전 문제를 따지고 소일거리가 없어서 무료함을 호소하게 될까. 저마다 차이가 있겠으나 생에 대한 초월감을 느낄 것이다. 노후 문제는 모든 여건이 충족된다고 해서 행복이 보장될 수는 없는 것 아닌가. 살아 있다는 것만으로도 축복이다. 부족한 경제 여건이지만 대책을 세우고 희망찬 미래를 찾아가는 것이 인생의 특권이자 의미 있는 삶이 아닐까.

우리는 내면에 잠재한 작은 경험이나 재능을 소홀히 하지 말자. 그러한 경험이 언제 삶의 밑천이 될지 모르기 때문이다. 일상에서의 사소한 시도와 경험이 노후의 촉진제가 될 수 있으며, 그것으로 인해 우리는 만족감과 더불어 충만한 삶을 누릴지도 모른다. 우리 자신을 과소평가하지 말자.

통찰력은 생의 빛

통찰력(洞察力)이란 사전적 의미로는 '예리한 관찰력으로 사물을 꿰뚫어 봄'이다. 남녀노소 누구나 통찰력을 지니고 있다고 할 수 있는가. 아무나 그것을 지녔다고 말하기는 어렵다. 하지만 사물을 객관적으로 바라보고 살아온 사람이라면 그것을 지녔다고 말할 수 있지 않을까. 통찰력은 다양한 경험과 수많은 시행착오에 따른 인지능력과 판단능력을 동반하는 지적 능력이다. 바람직한 통찰력을 발휘하기 위해서는 인간애가 기본적인 소양으로 포함되어야 한다. 지식이 풍부하고 교육을 많이 받았다고 해서 통찰력이 출중하다는 의미는 아니다.

어렸을 적의 추억거리를 더듬어 보자. 초등학생 시절, 등굣길에 어머니가 오늘 비올 테니 우산 챙겨 가라고 하셨다. 가방을 챙기다가 깜박했거나 '설마 비가 오겠어?'라고 생각한 나머지 그냥 갔다가 하굣길에 비를 쫄딱 맞은 경험이 있을 것이다. 어머니의 판단을 과학적으로 검증하기는 어렵지만, 살아온 경험과 그에 따른 판단력, 즉 통찰력이라고 나는 판단한다.

신경통으로 몸이 쑤시거나 제비들이 낮게 날거나, 아니면 개미들이 땅굴 입구를 흙으로 쌓아올린다거나 하는 등으로 어머니가 비가 내릴 것을 예측했다고 볼 수 있다. 반론을 제기할지도 모르지만 그것은 의학적, 생태학적 측면에서 사실이다. 제비의 먹이가 되는 곤충은 날씨가 흐리고 습도가 높으면 날개가 무거워져서 땅 가까이 내려온다. 그 순간 제비는 먹이를 낚아채려고 낮게 난다. 개구리가 울면 비가 온다는 속설도 사실이다. 비가 내리기 전에 기압이 낮아지고 습도가 높아지면 개구리는 호흡량을 늘리기 위해 계속 울기 때문이다.

우리는 어려서부터 학교 교육과 더불어 부모와 가족 공동체로부터 삶의 지혜와 다양한 경험을 익히면서 살았다. 오늘의 우리 모습이 이를 반증한다. 그런 연유로 가정환경이 한 사람의 성격 구성에 막대한 영향을 미칠 수 있음을 간과할 수 없다. 우리는 세상을 살아가면서 사소한 결정부터 중대한 결단까지 우리는 머릿속 사전 분석을 통해 통찰력에 따라 판단한다. 그럴 경우 살아오면서 배운 지식, 상식, 경험을 토대로 그 상황에 최적한 판단력을 유도함이다.

통찰력이란 뒤섞이고 오염된 물에서 나만의 정화수를 걸러내는 심리적 판단 능력으로 평가하고 싶다. 우리는 크고 작은 숱한 결정을 해야 하는 삶의 과정에 있기 때문이다. 마크 아그로닌은 저서에서 '창조적인 나이 듦'을 다음과 같이 강조했다.

"나이 듦의 변화와 미지의 삶이 두려울지 모르지만, 우리는 재창조 과정을 통해서 다시 용기를 내고 자신감을 얻는다. 설사 그 변화 과정에 기억과 지혜를 재가공하는 수고가 필요하더라도 말이다."

나는 마크 아그로닌의 말에 전적으로 동감한다. '변화 과정에 기억과 지혜를 재가공하는 수고'란 바로 우리가 중대한 결정할 순간에 작동되어야 할 통찰력의 역할을 의미하기 때문이다. 노후는 웃음꽃이 피는 즐거운 날들만이 우리를 영접하지는 않을 것이다. 정보의 홍수와 급변하는 상황에서 의미 있는 삶을 찾아 순탄하게 항해하려면 과거의 경험과 현재의 삶에서 지혜를 녹여내어 '명석한 마음의 눈'인 통찰력을 발휘하여야 한다. 첫 단추를 제대로 꿰어야 함이다. 이러한 과정을 간과하면 막대한 대가를 치를지도 모른다.

우리는 각자 보유한 통찰력을 심적 자산으로 자랑스럽게 여겨야 하고 자부심을 가져야 한다. 우리는 통찰력이라는 번쩍이는 무기로 세상에 담대하게 맞서야 한다. 통찰력은 노후의 빛이자 생명수가 될 것이다.

　우리의 부모가 인생항로에서 갖은 풍파를 헤쳐 나갔듯이, 역사의
질곡에서 선열들이 호국의 명분을 위해 목숨을 바쳤듯이, 우리는 '통
찰력'을 자주 들여다볼 필요가 있다. 통찰력은 부모로서 당연히 보유
해야 할 덕목으로 치부하거나, 선열들의 공적으로만 경의를 표할 게
아니다.

　우리는 또 하나의 자산을 확인하고 무장했으니 담대하게 노후 세
상으로 나아갈 수 있다. 통찰력은 자신을 보호해줌과 동시에 노후를
열어주는 빛이 될 것이며, 부모가 그러했듯 우리도 다음 세대에게 물
려줄 유산 하나를 챙긴 셈이다.

재창조의 힘

　5세 남자아이 L은 부친의 전보 발령으로 외가에서 한동안 지내게
되었다. 누나 둘과 남동생도 함께 있었지만 부모와 떨어져 산다는
것은 상상조차 못했다. 외할아버지는 성품이 급하셔서 무서워 보였
고 외할머니는 유순하시고 따뜻하셔서 외할머니를 따르곤 했다.

　어느 날 외할아버지가

　"이 녀석 어디 갔냐. 어서 빨리 이리 나와 봐라."

　하며 불호령을 내렸다.

　잠자다가 깜짝 놀란 L은 허겁지겁 나가보니 외할아버지는 호랑이
처럼 무섭게 있었다.

"너, 이 녀석! 네가 여기다가 오줌 쌌지?"

L은 사색이 되어 마루 끝자리에서 얼음이 되었다. L은 밤에 화장실 가기가 무서운 나머지 마루 끝에서 실례하고 얼른 방으로 들어오곤 했다.

꼬리가 길면 잡힌다더니, 나는 오늘 죽었구나, 하고 얼어붙은 채로 대답할 수 없었다.

"이 녀석아, 여기다가 오줌을 계속 싸놓으면 어떡해. 어렵게 구한 나무인데 죽었잖아."

L은 고개를 숙인 채 아무말도 하지 못했다. 외할아버지가 무서운데다가 창피했기 때문이다. 할아버지가 애지중지하시는 미선나무 화분에 집중적으로 오줌을 눈 것이다. L은 귀한 나무인지도 몰랐고 '하필이면 왜 거기에 그게 있었지' 하고 할아버지의 처분만 바랄 뿐이었다. 다행히 외할머니가 적극 나섰다.

"그만하세요. 주눅 들겠어요. 알고 그런 것도 아니고 애가 말을 못하잖아요. 애야, 얼른 할머니와 장보러 가자!"

휴우, 이런 구세주가! 하고 L은 얼른 외할머니 치맛자락으로 몸을 가렸다.

그 후 L은 할아버지를 졸졸 따라다녔다. 동네 친구도 없는 터라 마땅히 놀이도 없었다. 외할아버지께 잘 보여야겠다는 마음뿐이었다. 외할아버지가 뭔가 필요하신 것 같으면 연장을 가져다 드리거나 손발을 맞추는 시늉을 했다.

어느 날 장닭이 L을 쏘아보았다. 장닭은 홰를 치며 무섭게 달려들었다. L은 도망쳤다. 그러더니 옆에 있던 강아지도 쪼아댔다. 강아지와 L은 도망 다니며 "할아버지 닭이 물어요!" 하고 외쳤고 강아지는 깨갱거렸다. 그 순간 큰 소리가 들렸다.

"야이 이 녀석아, 닭한테 쫓겨 다니냐. 에구, 사내 녀석이."

하고 외할아버지는 혀를 차셨다. 그러곤 어이없다는 듯 박장대소를 하셨다.

"이리 와서 나 좀 거들어라."라는 소리가 들리자마자 L은 외할아버지를 향해 뛰어갔다. 외할아버지가 캐물었다.

"이 녀석아, 닭한테 쫓겨 다녀서야 사내자식이 되겠냐."

머리를 긁는 L을 보며 외할아버지는 환하게 웃으셨다. 그렇게 웃는 외할아버지의 모습을 본 적이 없었다. 그러곤 목련나무 가지를 잡아당기셨다.

"애야, 이 가지 좀 잡고 있어라."

"할아버지, 왜 나무를 그렇게 못살게 해요."

"뭐, 나무를 못살게 해? 허허, 참."

"못살게 하는 게 아니라, 목련가지를 이렇게 땅에 묻는 걸 '휘묻이'라고 한단다. 몇 달 지나면 여기서 뿌리가 돋아나지. 그러면 여기를 잘라서 옮겨 심으면 새끼나무를 만들 수 있단다."

"아, 그래요? 신기하네요."

"그래, 자연은 신기한 게 많단다. 우리를 지켜주는 친구이기도 하지."

세월이 흘러 외할아버지는 유명을 달리하셨다. 50여 년이 지난 지금 철부지였던 L인 나는 오늘 외할아버지와의 추억이 되살아났다. 당시 외할아버지는 퇴임하신 후 자기 관리는 물론 집안 관리에 열정을 가지고 계셨다. 외출하실 땐 허리도 곧추세우고 챙이 둥그런 모자를 쓰셨다. 양복 차림에 자전거를 타고 다니시는 모습이 멋졌으며, 돌아오실 땐 과자봉지를 꼭 챙겨 주셨다.

철부지라서 미처 몰랐던 외할아버지와의 추억이 왜 갑자기 떠올랐을까. 내 나이 때와 비슷했던 외할아버지의 노후생활이기 때문일까. 외할아버지는 화초 하나, 나무 한 그루를 키울 때도 자식처럼 온갖 정성을 기울이셨다. 간혹 돋보기를 쓰시면 그 날은 뭔가 해결되지 않는 날이었다. 일본 서적을 뒤적이며 뭔가를 찾으셨다. 그러곤 저녁 나절이면 한마디 하셨다.

"힘은 좀 들어도 기분은 좋다. 저 봐라, 나무들. 그대로 놔두면 안 된다. 관리를 해줘야지. 안 그러냐."

그때는 무슨 뜻인지 몰랐었다. 그저 웃어른의 행동을 지켜보기만 했다. 외할아버지는 하루도 빼놓지 않고 집안 관리와 수목, 화초를 관리하셨다. 홀로 뭔가를 터득하고 나름 착안하셨던 모습이 지금도 생생하다. 외할아버지 서랍에는 노트와 수첩이 빽빽했는데 나무와 식물별로 식생 특성에 따라 관리하는 일지로 기억한다.

외할아버지는 나에게 엄하게 대하셨고 혼도 내셨지만 소중한 경험을 전수해 주셨다. 노후 생활에서 필요한 경험에 의한 재창조의 능력을 보여주신 것이다. 해결되지 않는 부분은 한참 생각에 잠기거나 관련 서적을 찾아 숙지한 후 작업을 하셨다. 아마도, 나의 손재주는 물려받은 것만은 아닌 것 같다. 지금도 농장에서 작업할 때 새로운 아이디어를 착안하고 결과물로 산출하는 능력은 나에게 보여주고 체험시켰던 외할아버지의 통찰력과 창조적 능력을 보고 배운 게 아닌가 싶다.

외할아버지는 돌아가셨지만 그의 재창조력을 나에게 가르쳤고, 근면 성실한 노후생활의 산증인으로서 나에게 정신적 유산을 남겨주었다고 믿고 싶다.

평정심으로 생을 충만하게

불교에 인욕바라밀(忍辱波羅蜜)이라는 수행 지침이 있다. 이는 육바라밀(六波羅蜜)의 하나로 아무리 고난을 당하더라도 마음을 동요하지 않고 참고 견디는 수행법이라고 한다. 여기서 바라밀이란 중생이 열반에 이르고자 하는 수행법으로, 태어나고 죽는 현세의 괴로움에서 벗어나 번뇌와 고통이 없는 피안의 세계로 간다는 뜻이다. 결국 인욕바라밀은 남에게서 받는 박해와 고통을 잘 참고 원한과 노여움을 없앰으로써 평정심을 얻게 되는 것이다.

이와 관련된 석가모니의 유명한 일화가 있다. 석가모니가 길을 가던 중 바라문(婆羅門, 옛 인도의 최고 승려 계급)의 집 앞에서 식사 한 끼를 부탁하였다. 그러자 바라문은 한심하다는 듯 말하였다.

"너는 육신이 멀쩡한데 아침부터 구걸을 하느냐. 네 힘으로 벌어먹어라."

석가모니는 빙긋 웃었다. 그러자 그는 화가 난 듯 욕을 하면서 언성을 높였다.

"너는 지금 내 말이 아니꼽냐. 빌어먹는 주제에."

석가모니는 다시 빙긋 웃었다. 바라문은 씩씩거리며 석가모니에게 시비를 걸려고 하자 석가모니가 그에게 물었다.

"당신은 집에 손님이 간혹 오느냐."

"오는데 그건 왜 묻느냐."

"그럼, 그 손님이 가져온 선물을 네가 받지 않으면 그것은 누구 것이냐."

"당연히 그 사람 것이지. 그건 왜 물어."

"네가 방금 나에게 욕한 것은 내가 받지 않았으니 그럼 그 욕은 네 것이니라."

바라문은 깨우침에 놀란 나머지 무릎을 꿇고 사죄하고 음식을 대접했다.

우리는 사회생활을 해오면서 이와 비슷한 경험을 수없이 겪었을 것이다. 그때마다 나름의 수양 방식으로 해결하려고 했으나 녹록하지 않았을 것이다. 이 일화는 종교 차원을 떠나 우리에게 세상살이에서 중요한 교훈을 전하고 있다. 인욕바라밀이 종교 차원에서 구원을 위한 수행법이긴 하지만, 우리가 살아가면서 겪는 온갖 어려운 상황에서 평정심을 유지하기는 어렵다. 우리는 평정심, 즉 마음의 평화를 유지하기 위해 종교를 믿고 의지하는지도 모른다. 그만큼 인간 사에서 빚어지는 돌발적이고 예측 불가능한 사태와 사고에 직면하면서 우리는 살아가고 있기 때문이다. 우리는 각자의 생활철학과 행동양식에 따라 현재까지 잘 버텨왔다. 물론 운도 따랐겠지만.

노후를 곧 맞이하거나 계속 영위해야 할 지금부터가 문제다. 이제는 또 다른 세계가 우리를 기다리고 있다. 그야말로 처음 가보는 길, 바로 우리가 개척해 나가야 할 새로운 길이다. 우리는 불안해할 필요는 없지만 그렇다고 순탄대로를 거닐며 샴페인만 터트리는 길만은 아님을 직시해야 할 것이다. 이제는 마음의 자세를 바꿔야 한다. 행복한 노후 생활을 위해 나름 노후 설계를 구상하고 실천 방안을 마련했듯이, 이를 시행하기 위한 마음의 준비가 철저해야 한다.

그것은 흔들리지 않는 '평정심'을 노후의 항해 선박에 장착하는 작업이다. 이것은 항상 자신의 배와 운명을 함께하는 '정신적 엔진'을 말한다. 이는 인생항해 중에 어떠한 고난과 역경이 몰아쳐도 평정심을 잃지 않는다는 자신과의 약속이 필요하다는 것이다. 눈앞에 벌어지는 상황과 사태에 대해 이제 한 발 물러나서 신중하게 살피고 대응하는 여유를 갖자는 것이다. 예견하지 못한 사고나 긴급 상황에 직면하면 당황하고 이성을 잃을 수도 있다. 이제 우리는 그러한 생각과 태도는 우리의 노후에 치명적인 악재나 손해를 끼칠 수 있음을 감안해야 한다.

평정심도 스스로 학습하여 내공을 다져야 한다. 그럼으로써 우리는 유사시 활용할 수 있다. 이제는 누가 그것을 가르쳐 줄 수도 가르쳐 주지도 않기 때문이다. 우리는 자녀들에게 수없이 많은 주의사항과 교훈을 무던히도 강조했다. 신호등 지키기, 물놀이 전 체조하기, 화재나 지진 때 대피 요령, 승강기에 갇혔을 때 행동 등 위기 대응에 필요한 침착한 마음가짐, 즉 평정심 유지를 통한 위기 모면을 강조했다.

이제는 우리 자신을 챙겨야 할 시점이다. 세상과 사물을 좀 더 객관적으로 바라보는 시각이 필요한 때이다. 그렇게 함으로써 평정심을 유지할 수 있으며, 우리의 의도대로 노후 생을 여유롭게 살게 됨은 자명하다. 여기에는 대화나 공감 능력 또한 빼놓을 수 없다.

미국 스탠퍼드대학 총장을 역임하고 실리콘 밸리의 대부였던 존 헤네시는 저서『어른은 어떻게 성장하는가』에서 리더로서의 덕목 10가지 중 타인에 대한 '공감(Empathy)'의 중요성을 다음과 같이 강조한다.

"의사 결정 과정에 공감이 개입하면 안 된다고 믿는 사람들이 여전히 학계, 특히 업계의 리더들 중에 많다는 사실은 놀랍기만 하다. 중요한 의사 결정은 실증적인 사실과 데이터, 그리고 감정이 배제된 판단에 근거해야 한다는 것이 그들의 생각이다. (중략) 공감은 어떤 결정을 내리고 목표를 세우는 데 항상 고려 요소가 되어야 하며, 행동으로 실천하는 데 중요한 체크

포인트가 되어야 한다. 데이터에 인간의 조건에 대한 깊은 이해와 관심을 더하면, 모두의 행복을 뒷받침하는 의사 결정이 탄생할 수 있기 때문이다."

타인과 생각이 다르다고 해서 분노하고 화를 내면 우리를 성급한 결정의 노예로 몰아갈 것이다. 또한 그로 인한 후유증인 불안과 우울은 헤어날 수 없는 늪으로 우리를 안내할 것이니, 준비된 공감력과 평정심으로 현명하게 대처하자는 것이다. 높이 나는 새가 멀리 넓게 볼 수 있듯이, 우리도 생에 파묻히지 않은 채 거리를 두고 평정심을 가져야 하는 이유이다. 마크 아그로닌은 이런 맥락에서 다음과 같이 조언한다.

"과거에 누렸던 일부 조건을 거리낌 없이 내려놓고 새로운 모습을 받아들일 자세가 되어야 한다. 자기 정체성과 남들과 관계를 맺는 방식을 재창조하는 과정은 처음에는 더디게 시작하지만 시간이 흐를수록 속도가 붙는다. 그리하여 결국에는 우리의 발전을 저해하는 요소들에서 벗어날 수 있게 돕는다."

마크 아그로닌의 말대로 노후는 생각 외로 긴 여정이므로 우리는 노후 생을 위한 마음의 준비와 더불어 각오를 다져야 한다. 그리고 새로운 세계를 향한 냉철한 가슴으로 세상을 맞을 용기를 지녀야 한다. 우리가 원하는 노후 여정을 원하는 대로 순항하려면 평정심이 전제되어야 하기 때문이다. 노후 생을 운항하는 배가 풍파에 좌초되면 우리는 어떻게 대처할 수 있겠는가를 예측하면서 말이다.

우리가 평정심을 유지하는 데는 꾸준한 학습과 훈련이 필요하다. 천편일률적일 수는 없겠지만, 나는 산을 대상으로 자연과 접하는 습관을 들여왔다. 배낭을 꾸리고 산에서 진정한 자신과 만나는 것이었다. 무념무상으로 떠났지만 산행 중 따라붙는 고뇌를 의도적으로 거부했지만 역부족이었다. 이제는 자연스럽게 받아들이자는 것이다. 고민거리를 머리에 인 채 주변의 산하를 둘러보며 자연과 융화하는 것이다.

그러곤 자문하곤 하였다. "이게 과연 나에게 가치 있는 고민이고 생각인가."를 되뇌었다. 만일 '아니다'이면 자기최면을 걸거나 다른 생각에 몰두했다. 하산 후에는 차분해지고 심신이 정리됨을 체험하곤 했다. 단전호흡, 검도, 목공 등 취미생활을 통해 이를 해소하기도 했다.

불편함과 분노 등 부정적인 마음은 자신이나 주변 사람에게 결코 좋은 영향을 줄 수 없다. 순간의 감정적 대응은 바로 부메랑이 되어 더욱 힘들게 할 뿐이다. 우리는 노후를 맞이하면서 평정심을 갖는 습관이 노후 설계보다 더 중요할지도 모른다. 나 자신에게도 평생 안고 갈 어려운 문제이기도 하다. 지금부터라도 평정심을 배워서 무장하자. 나를 비난하는 사람을 보고 웃어주기 어렵다면 그의 눈이라도 빤히 쳐다보자. 대꾸 없이 무시하는 것도 방법이 될 수 있다. 그러곤 잊기 위해 자기최면을 걸고 하고 싶은 일에 몰두하자. 그러한 하찮은 일에 신경 쓰기에는 시간이 너무 아깝다.

★

요약 정리

1장 노후에 챙겨야 할 것들

▶ **구직? 노후연금을 비축하라**

베이비부머들이 퇴직 후 노후 생을 위해 3층 연금(국민연금, 퇴직연금 및 개인연금)을 확보했음에도 재취업을 위해 추가적인 연금구조의 성을 쌓으려는 추세가 강하다. 하지만 경제적인 여유만을 추구하다가 노후 생의 건강과 삶의 의미를 놓치는 우를 범할 수도 있다.

나는 노후생활의 안정적 자금 조달을 위해 3층 연금 구조를 기반으로 주택 연금제도를 추가로 활용하는 4층 연금 구조를 권한다. 연금의 활용법도 개인별로 자산 규모와 연금의 유형에 따라 지급 시기와 지급 방식을 적절하게 고려함이 필요하다. 이를 위해 퇴직 후 노후생활에 소요되는 월정액(퇴직 전 3개월분의 생활비 등)을 미리 산정해 두는 지혜도 필요하다.

▶ **건강은 필수자산**

나이가 들어감에 따라 건강관리의 중요성을 인식하지만, 그보다도 건강상의 적신호에 대처할 보험 가입에 비중을 더 두는 것 같다. 노후의 건강은 아무도 책임지지 않는다. 자신에 걸맞은 체력을 다지면서 만일의 사태에 대비할 안전장치인 보험 설계도 다시 재점검해 볼 일이다. 중복 여부나 필수적 수혜 항목의 누락 여부 등이 해당될 것이다. 이것만은 기억하자. 건강관리는 스스로 움직임으로써 육신에 보약이 될 수 있다.

▶ 취미는 노후를 풍요롭게 한다

취미는 인간에게만 부여된 특별한 선물이자, 신이 인간에게 베푸는 고객 맞춤형 혜택이다. 취미는 인간관계에서 얻을 수 없는 또 다른 친구를 만나는 기회이자, 특히 노후 생을 더욱 풍요롭게 하는 반려자임에 틀림없다. 내가 진정 좋아하는 취미는 나를 배신하지 않고 항상 내 곁에서 나를 토닥일 것이기 때문이다.

취미생활은 생각 외로 인생살이에 윤활유이자 삶의 활력소를 부여하는 경우가 많다. 지금부터라도 내가 좋아하는 '그 무엇'을 찾아 나서자. 그것은 다양할수록 좋지 않겠는가. 왜냐하면 새로운 시도이자 도전이기 때문이다. 나는 국궁을 적극 권한다. 심신단련을 기본으로 예를 갖춘 다양한 친구들과 함께할 수 있는 장점이 있다.

▶ 꼭 찾아야 할 자산

우리는 살아오면서 축적한 다양한 경험과 경륜, 인내력, 사물을 바라보는 직관력과 통찰력, 유사시에 작동하는 마음의 조절능력 정도는 모두 보유하고 있다. 이 자산을 꼭 찾아야 한다.

우리는 소중한 보물로 무장한 채 노후생활을 슬기롭게 헤쳐나갈 수 있으며, 우리는 자신을 믿고 실천할 수 있게 된다.

나만의 노후 설계

▶ 노후설계, 한 달이면 족하다

노후가 행복하려면 노후 대비를 위해 해야 할 숙제를 더는 미뤄서는 안 된다. 너무 장기간 고민할 필요는 없으며 한 달이면 충분하다. 완벽을 기하지 말고 실천하면서 보완하면 된다.

자신의 탐구를 통해 도출한 자신의 호불호나 취향에 우선순위의 추진목록을 재검토하자. 이제는 실천항목(Action items)을 시간대별로 정리하는 것이다. 개인 성향에 따라 하고 싶은 내용을 조합하여 밑그림을 그리는 작업인 노후를 위한 청사진이다. 일정한 시간을 두고 실행의 타당성과 합리성을 따져 보자. 이게 과연 내 인생의 후반기를 함께 갈 만한 가치가 있는 친구인지를 객관적으로 보는 것이다.

▶ 이젠 거미처럼 살아야 할 때

거미는 개미와 같은 조직생활에 익숙했던 우리에게 시사하는 바가 크다. 은퇴 전에는 직장과 같은 조직에서 집단생활을 통해 상호 협력관계로 살아간다. 그러나 퇴직 후에는 자신만의 자유로운 시간을 기반으로 거미와 같은 생활을 해야 한다. 나이가 들수록 가족을 비롯하여 자신의 곁을 떠나는 운명적인 삶이 될 수밖에 없다.

우리의 노후는 '홀로 살기'를 위한 '홀로서기'의 학습과 더불어 이에 익숙해져야 한다. 세상을 바라보는 시각과 삶을 영위하는 방식을 유연하게 바꿀 수 있도록 노력해야 하며, 남에게 의존하는 방식을 가능한 한 탈피해야 한다. 거미의 전략을 우리의 노후 생에 대입할 필요가 있음을 강조한다.

▶ 코로나의 역설, 지금이 노후설계의 기회

코로나로 인한 공포와 생활패턴의 급변으로 우리는 답답하고 암울한 현실을 맞았다. 그럼에도 우리는 이에 굴복할 수는 없으며, 노후 대비를 위해 시간 투자와 노력에 만전을 기해야 할 시점이다.

이에 대처하는 방안으로 '사회적 거리'를 유지해야 하며, 내실 있는 노후설계 방안을 모색하기 위해서는 남으로부터 간섭받지 않는 개인적 거리를 유지해야 할 것이다. 지금이야말로 자아성찰을 기반으로 노후설계에 몰두할 절호의 기회이다. 이러한 기회는 노후의 '홀로살기'를 위해 우리에게 새로운 경험을 제공할 것이며, 행복한 노후생활을 다지는 디딤돌이 될 것이다.

▶ 노후설계의 핵심으로 들어가자

노후설계를 위한 첫 단계로 자신이 지닌 외적·내적 성향과 생활철학, 행동양식 등을 그대로 바라보는 것이다. '나는 이러이러한 사람이다', '나는 무엇을 좋아하고 무엇에 흥미를 느낀다', '이것만큼은 꼭 해보고 싶다'등이다. 탐구를 통한 도출 과정은 개인별 성향과 여건에 따라 시간적 차이가 있을 수 있으나, 한 달 이내에 작성함을 원칙으로 하자.

도출된 내용 중에서 자신이 하고 싶은 사항을 고려하여 우선순위를 재정리해 보자. 이때 재취업이나 자격증 취득 등 자신이 하고 싶고 바로 할 수 있는 사항은 최우선 순위에 두자.

마지막 3단계는 실천상의 행동양식으로서, 도출된 사항에 대한 목적의식을 접목시키는 것이다. 정원사 자격증 취득이 목적이라면 자격증 취득 후 취직할지, 개인 화원이나 수목원을 운영할지 등.

개인별 성향에 따라서는 위의 3단계 순서에 따르지 않아도 되며, 자신의 목적의식을 설정한 후 도출된 다양한 사항을 비교 분석하여 행동하는 경우도 있을 수 있다. 개인별로 선택의 유연성에 따른 취사선택을 자유롭게 할 수 있다. 하지만 노후 생활을 위한 설계 단계에서 나름대로 목적의식을 가지고 출발해야 한다. 설계의 목적이 돈을 벌기 위한 것이든 또 다른 의미 있는 명분을 갖든지 간에 그것 또한 각자의 몫이다.

▶ 있는 그대로 시작하자

노후설계를 위한 자신의 선호도와 취향을 반영하는 작업도 중요하지만, 이를 실행함에서 경중완급 또한 매우 중요하다. 우리가 지닌 것과 주변의 상황 등에 따라 실행에 변수가 많기 때문이다. 이러한 리스크를 줄이기 위하여 SWOT 분석 도구를 활용해도 도움이 될 수 있다. 자신의 현재 상황을 종이에 스케치해보는 작업이다. 이 방법은 현 상황을 네 가지 요소, 즉 강점(Strength), 약점(Weakness), 기회(Opportunity) 및 위협(Threat) 요인으로 구분하여 분석, 검토하여 미래의 모습을 정립하는 것이다.

작성법은 매우 쉽다. 자신의 상태를 일기 쓰듯 진솔하게 기입하면 된다. 각 요소별로 생각나는 대로 자신의 성향, 호불호, 주변 상황을 기록해 보자. A4 용지에 임의로 선을 그어 작성해도 무방하며, 여러 번 작성해 보면 점점 나의 모습이 확연히 드러날 것이다. 개인에 따라서는 청사진을 구상할 때 분석 작업을 먼저 수행해도 도움이 될 것이다. 확신이 안 서면 몇 번 반복해 보자. 결과적으로 노후생활을 알차게 영위하는데 분명히 도움을 줄 수 있을 것으로 믿는다.

▶ 나만의 맞춤형 노후 설계란

나만의 '맞춤형 노후 설계 방안'의 핵심은 우리의 생각을 습관을 통해 실천하는 방안이다. 나는 노후를 대비하는 과정에서 시행착오와 수많은 구상과 고민을 해오던 중, 맞춤형 노후설계 방안에 대한 실천적인 해결 방안을 3단계로 구분하여 추진함이 바람직하다는 것을 착안했다. 그 내용은 우리가 목표로 하는 청사진과 실행 상의 도출사항을 대상으로 '생각의 습관화'를 위한 실천적 단계를 제시하는 것이다.

1) 핵심적 실천사항, 2) 유연적 실천사항, 3) 시한적 실천사항으로 구분하여 각 실천항목과 내용상의 연계성을 모색하고 강구하는 방법이다. 이 작업은 그렇게 어렵지 않다. 우리는 이미 노후 설계를 위한 큰 틀은 짜놓았기 때문이다. 이에 따라 자신의 성향과 습관을 감안하여 당장 실천할 수 있는 사항은 일주일 단위로(핵심적 실천사항), 목표치를 달성하는데 추가적 검토나 사소한 습관의 변화에 조금 시간이 필요한 사항은 한 달 단위(유연적 실천사항)로 추진하는 것이다. 마지막으로 상황 변화에 따른 추이를 관망해야 하고 새로운 습관과 학습이 요구될 경우는 3개월 정도의 시일(시한적 실천사항)을 할애하여 차분히 추진하자는 취지이다.

이러한 과정이 도출되면, 다음에는 10년간의 노후설계 실천표를 추가로 작성할 수 있게 된다. 실천표는 개인별 선택사항이지만 실천상의 실효성을 도모하는 차원에서 잠재적인 아군이 될 수 있기에 적극 권한다. 실천표가 완성되면 가장 가까운 곳에 고이 보관하라. 잊지 않고 항상 꺼내볼 수 있도록 말이다. 삶이란 내 것이기에 나의 분신인 하얀 쪽지만으로도 마음이 든든하고 내 인생에서 당당할 수 있을지도 모른다.

실천과 함께해야 할 것

▶ **노후의 고객은 자신**

노후설계 역시 자신의 노후 인생길이기에 심혈을 기울여서 기획하고 나름 전략을 세울 것으로 믿는다. 아무리 치밀하고 짜임새 있게 계획한 노후 설계 방안일지라도 그 고객은 자신이다. 문제는 시간이 흐름에 따라 우리의 마음도 변할 수 있고 주변 상황도 바뀔 수 있다. 노후대비를 위한 설계안에 따라 그대로 실천하는 것은 쉬울 수 있다. 하지만 그렇게 생각한다면 우리의 노후는 위험할 뿐더러 우리의 기대를 저버리고 큰 대가를 치르기 십상이다.

매사가 나의 뜻과 계획대로 따라주지 않기에 우리는 자신이라는 고객에게 충실할 필요가 있다. 나의 노후생활에 관심 있고 행복하려면 자신의 맞춤형 설계 방안에 대한 지속적인 관리와 보완이 필요하다. 그러한 관점에서 노후 설계 방안을 실천적 3단계로 구분했다는 것을 재차 강조한다. 개인적 상황이나 여건에 따라서 '유연적 실천사항'과 '시한적 실천사항'을 유연하게 조합하여 활용하거나 보완을 통해 실천해도 좋을 것이다.

▶ **경험은 실천의 밑천**

우리는 내면에 잠재한 작은 경험이나 재능을 소홀히 하는 우를 범하지 말자. 어릴 적이나 살아오면서 접했던 사소한 경험들이 언제 우리의 삶에 밑천이 될지도 모르기 때문이다. 우리 일상에서의 작은 시도와 경험이 우리 미래에 촉진제가 될 수 있으며, 그것으로 인해 만족감과 더불어 충만한 삶을 누릴지도 모른다. 우리 자신을 과소평가하지 말자.

▶ 통찰력은 생의 빛

통찰력은 다양한 경험과 체험을 통해 누적된 시행착오에 따른 인지능력과 판단능력을 동반하는 지적 능력으로 나는 생각한다. 바람직한 통찰력을 발휘하기 위해서는 인간애가 기본적인 소양으로 포함되어야 한다.

마크 아그로닌은 '창조적인 나이 듦'에 대해 '변화 과정에 기억과 지혜를 재가공하는 수고'를 강조하였다. 이는 우리가 중대한 결정할 순간에 현명하게 작동되어야 할 '통찰력'의 역할과 중요성을 의미한다.

우리는 각자 보유한 통찰력을 심적 자산으로서 자랑스럽게 여기고 자부심을 가져야 한다. 이것은 젊은 세대가 온전히 갖거나 누릴 수 없는 재산임과 동시에, 우리는 언제든지 자산을 활용하여 사물을 객관적으로 판단하고 대처할 수 있기 때문이다. 이제 통찰력이라는 번쩍이는 정신적 무기로 다변하는 세상에 담대하게 맞서야 할 때이다. 이는 우리 노후 생의 빛이자 생명수가 될 게 분명하다.

▶ 재창조의 힘

재창조의 힘을 어렵게 생각하지 말자. 창조와 재창조의 원천에 대해 알고 보면 무심코 지나친 경우가 많다. 어렸을 때 외할아버지는 나에게 소중한 경험을 전수해 주셨다. 노후생활에서 우리가 필요로 한 것을 보여주신 것이다. 작업하다가 해결이 되지 않는 부분은 생각에 잠기다가 계속하시거나, 관련 서적을 찾아 숙지한 후 작업하셨던 것이다. 내가 손재주가 있는 것은 할아버지로부터 물려받은 DNA 측면만은 아닌 것 같다. 농장에서 작업할 때 새로운 아이디어를 착안하고 결과물로 산출하는 능력은 외할아버지의 통찰력과 창조적 능력을 보고 배운 게 아닌가 싶다. 명인과 달인들은 경험과 창조성 없이 그 자리에 설 수 있는가.

▶ 평정심으로 생을 충만하게

불교에 인욕바라밀(忍辱波羅蜜)이라는 수행 지침이 있다. 이는 육바라밀(六波羅蜜)의 하나로 아무리 고난을 당하더라도 마음을 동요하지 않고 참고 견디는 수행법이라고 한다. 우리의 노후 생에 흔들리지 않는 '평정심'을 장착하는 것은 어떨까. 이것은 항상 자신의 배와 운명을 함께하는 '정신적 엔진'을 말하는 것이다.

우리는 노후를 맞이하면서 '평정심'을 가지는 습관이 노후 설계보다도 더 중요할지도 모른다. 나 자신도 평생 안고 갈 어려운 문제이다. 지금부터라도 평정심을 배워서 무장하자!

제 3 부

노
후

삶

踏雪野中去(답설야중거) 눈 덮인 들판을 걸어갈 때

不須胡亂行(불수호란행) 어지럽게 함부로 걷지 말라

今日我行跡(금일아행적) 오늘 내가 가는 이 발자취가

遂作後人程(수작후인정) 뒷사람의 이정표가 될 것이니

- 휴정 서산대사의 선시(禪詩), 백범 김구 선생께서 즐겨 쓰던 휘호

1장

철학

그래도 찾아야 할 것들

우리는 살아오면서 예기치 않은 상황을 경험했다. 내 집이나 사업 자금을 마련하기 위해 5~10년을 목표로 적금을 들어온 경우가 많았다. 적금 만기가 되면 물가는 껑충 뛴 데다 화폐가치는 떨어져서 목적을 이루기에는 역부족임을 경험했다. 그래도 신용담보 대출이나 추가 대출을 받아 소기의 목적을 달성하는데 전력투구하기도 했다. 나도 내 의지대로 할 수 있었던 것은 직장에서 업무 추진 성과, 대인관계 측면의 소통력, 학창시절에 노력했던 시험 결과에 불과했다. 그 외의 사안은 환경 변화와 변수에 따라 나를 실망시키기도 하였다. 독자 여러분도 수긍하리라.

미래는 예측할 수 없으며 꼭 우리 편만은 아니다. 주식투자의 귀재라는 사람도 고배를 마시곤 한다. 부동산 투자도 마찬가지다. 그래서 세상이 불공평하고 인생이 덧없는지도 모른다. 그렇다고 우리는 노후를 등한시하거나 관망할 수는 없다. 그럴수록 우리 미래에 관심과 열정을 쏟아야 한다.

노후에 진정 찾아야 할 것은 자신의 마음가짐이다. 불안을 떨치고 차분한 마음으로 물에 비친 내 모습을 바라보는 것부터 시작하자. 자신을 유혹하고 포장했던 잔재를 과감하게 떨쳐버리고 진정한 나를 탐구하는 것이다. 심각하게 고민할 필요 없다. 생각이 떠오르지 않으면 동네 산책길로 나서자. 생각 없이 그냥 걷게 자신을 놔두자. 억지로 쥐어 짜내지 말자. 한두 달이면 충분하다. 산책하면서 또는 여행길에서 자신을 그대로 흘러가게 하는 것이다. 시간이 갈수록 진정한 내 모습의 윤곽이 보이고 나를 찾아갈 수 있게 될 것으로 믿는다.

이와 같은 맥락에서 카를 구스타프 융은 인격의 구조의 요소 중 자기(自己)를 매우 중시한다. "완전한 자기실현을 달성하는 것보다는 자기를 인식하는 데 중점을 두어야 한다." 융의 주장에 캘빈 S. 홀과 버논 J. 노드비는 다음과 같이 강조하였다.

> "자기인식은 자기실현으로 가는 길이다. 자신에 대해서는 조금도 알려고 하지 않으면서 자기실현을 하려는 사람들이 많기 때문이다. 자기 인식은 실제로 끊임없는 수련과 지속적인 노력, 최고의 책임과 지혜 등을 필요로 하는 것으로 인생에서 직면하는 가장 어려운 일이다."

우리는 행복한 노후를 위해 자신을 탐구하여 제대로 인식해야 한다는 점을 확인한 셈이다. 융의 주장처럼 우리의 궁극적인 목표가 흔들리지 않고 노후에 의미 있는 삶을 영위하기 위해서도 더욱 그렇다.

이러한 자기 탐구 과정을 통해 나름 만족할 만한 결과를 얻을 수 있을 것이다. 나는 어떤 성향의 사람이며, 무엇을 좋아하고 싫어하는지. 나는 무엇을 하고 싶은지를 스스로 확인하며 놀랄 것이다. 자신만의 '마음의 자산'을 찾는 작업이자, 노후의 방향키를 손에 쥐는 중요한 순간이다. '마음의 자산'이란 대단한 게 아니다. 우리가 살아오면서 간직했지만 간과했던 '심적 보물'이다. 내가 가장 원하는 것, 그것을 할 수 있는 역량과 의욕, 끈기라면 충분하지 않을까. 그것은 우리에게 희망과 열정을 부여할 보물이 될 것이다. 현재까지 모으지 못한 재산과 부동산, 주식 등을 한탄해 봐야 무슨 소용 있겠는가.

자기 탐구를 통한 '마음의 자산'을 찾았으니 현 상태에서 펼쳐질 노년기의 유아로 새로 출발하는 것을 의미한다. 새로운 기분으로 유치원 가는 마음이다. 그래도 그럴 만한 상황이 되어야 시도할 것 아니냐고 반문할지도 모른다. 그럴 만한 상황은 마음대로 쉽게 얻어지는가. 주어진 여건에서 진정성 있게 출발하자는 것이며, 그냥 주저앉아서 침체감과 소외감의 하수인이 되지 말자는 것이다. 마음을 다잡고 몸을 움직여야 한다. 사물을 정확히 바라보고 판단해야 할 중요한 시점임을 우리는 인식해야 한다.

여기에 우리를 도와주는 천사가 있다. 어느 정도 가닥이 잡히면 아내와 함께 산책에 나서자. 노후에 하고 싶은 계획을 솔직하게 털어놓고 상의하자. 아내의 얼굴빛은 희망에 찰 것이며 당신을 신뢰할 것이다. 아내의 답변은 적어도 노후에 대한 정답이 될 확률이 높을 것이며 나와 한배를 타고 지켜봐 준 산증인이기 때문이다. 우리 내면에 깔린 덤불과 오염물을 걷어내고 진정한 나를 찾아냈다면 노후의 밑그림을 그릴 준비는 충분하다. 배우기를 좋아하거나, 가르치기를 좋아한다거나, 재능 기부나 봉사활동이 적합하다고 생각했다면 그것만으로도 충분하다. 그 위에 무엇을 올리고 어떻게 운영할지는 좀 더 시간을 두면 된다. 본격적인 계획과 기획을 해야 하기 때문이다.

중요한 것은 내가 노후에 진정 무엇을 하면서 살고 싶은지다. 젊었을 때나 직장 생활할 때 그토록 하고 싶었던 것, 마음속의 소망을 풀어내어 현실화하는 작업이 필요하다. 그게 많다면 우선순위를 매기자. 이제 소망의 불씨에 열정을 붓고 자신감으로 무장하면 우리의 노후에는 '불안과 우울'은 얼씬거리지도 못할 터이다.

이룰수록 득이다

우리는 탁 트인 바다를 찾아가곤 한다. 코발트 빛 세상과 출렁이는 물결은 우리의 마음을 시원하게 한다. 젊었을 때의 낭만과 열정, 살아온 세월에 대한 회한을 느끼면서 현실이라는 곳으로 발길을 돌리기도 한다. 때로는 뒤엉킨 머릿속을 깨끗이 청소하기 위해서라도 그곳을 찾아가는 것이다. 잔잔한 바다가 잠시나마 우리의 생활에 활력소를 부여하고 마음의 여유를 느끼게 하기 때문이다.

여기서 간과하기 쉬운 것은 바다의 속성이다. 평온한 바다를 찾아 낭만을 즐겼기에 잔잔한 바다를 바라보며 마음의 안식을 구원하기도 한다. 바다는 항상 잔잔하지는 않다. 쾌청한 날에만 바다를 찾아 나섰기 때문이다. 바다도 인생사와 비슷하지 않을까. 너울성 파도가 언제 우리를 덮칠지 모른다.

인생고해(人生苦海)라고 했던가. 살아가면서 겪는 일들이 남의 일만은 아니라는 것쯤은 나름 터득하게 된다. 노후 문제 역시 그렇다. 아무도 피할 수 없고 겪을 수밖에 없는 과정이다. 몇십 년 동안 길들여진 직장이라는 울타리에서 벗어나 새로운 세계에 직면하는 순간이다. 당연히 사전 준비와 대책 강구가 필요하다. '퇴직 10년 전부터 준비하면 큰 문제는 없겠지.'라며 장담할지도 모른다. 나름 경제적인 측면도 챙겨뒀으니 말이다. 하지만 30년 이상이라는 노후 세계는 우리가 한 번도 가보지 못한 생소한 길이다. 아무도 예측할 수 없다. 이미 퇴직했거나 퇴직 전이라면 지금이라도 노후 대책을 강구해야 하겠지만, 좀 더 일찍 서두르면 좋지 않을까.

40대는 인생의 황금기로 볼 수 있다. 어느 정도 기반을 다진 상황이고, 인생을 바라보는 변곡점의 시기가 될 수 있기도 하다. 직장에서나 가정이나 자신의 역할은 다양하고 분주하나 심신 상태가 노년기에 비할 수 있겠는가. 유비무환을 다시 언급한다. 퇴직에 임박하여 노후 대책을 강구하기보다는 늦어도 40대에 염두에 두고 구상하는 것이 노후 생활을 보다 안전하고 행복하게 할 것이라고 생각한다.

40대는 100세의 인생항로를 수직으로 세웠을 때 허리에 해당하는 인생의 시간적 중추이다. 아직은 젊다고 생각하지만, 본격적인 노화가 시작되는 시기이므로 신경 써서 심신을 관리해야 하는 때이다. 40대 과로사나 결정적인 질병을 앓는 경우를 우리는 자주 봐온 터이다. 증상이 확실하지 않으면 스트레스에 따른 짓궂은 병으로 치부하기 십상이다. 가정이 일시에 추락하는 경우도 꽤 많다. 특히나 이 시기는 건강관리에 관심을 두어야 노년기를 보낼 수 있는 신체적 보험을 든 셈이다. 만약에 대비하여 건강 유지와 의료 실비혜택을 위해 적합한 보험에 가입하는 지혜가 필요한 시기이기도 하다. 더 나이 들면 보험 수가 상승으로 가입 금액과 조건이 까다로워질 수밖에 없다.

40대의 가장에게 권하고 싶은 한 가지가 있다. 모험투자를 포함한 재테크에는 전문가가 많은 터이니 여기서는 생략한다. 퇴직 이후에 노후를 준비할 방향과 장기적인 밑그림은 나름 염두에 두라는 점이다. 노후 생활을 위한 대책에 대해서는 앞서 언급했지만, 같은 관점에서 넉넉한 세월을 빙자하여 소홀히 해서는 안 된다는 점을 강조한다. 현재 퇴직 전후의 세대도 대부분 정보통신 기술과 디지털 문화에 익숙한 터이지만, 10~30년 후 세상의 변화를 어느 누가 예측할 수 있겠는가. 우리가 감당할 수 있는 정도의 노후 생활을 영위하려면 노후의 3가지 요소인 경제, 건강, 소일거리에 대한 정보 습득과 면밀한 분석을 게을리하지 말아야 할 것이다.

10년 후에도 과연 승용차가 필요할까, 아니면 렌터카나 리스카가 경제적일까 손익관계를 따져 볼 필요가 있다. 노후를 위한 적금과

연금 가입이 필요할까. 어떤 방식으로 결정해야 할까. 자녀의 혼사 준비는 어떻게 해야 하나 등을 미리 고려할 필요가 있다. 노후를 위한 적금, 모험투자나 과잉투자보다는 자금을 분산하여 20년 후를 기약하는 다양한 연금제에 가입하는 것이 안전장치가 아닐까. 이 외에도 수많은 사안이 우리를 힘들게 하고 고민하게 할 것이다. 미래지향적인 재테크를 시도하려면 신뢰성 있는 재무 설계 전문가의 자문을 받는 것도 좋은 방법이다.

인생의 중반 기로에선 40대에게 노후를 위한 청사진만큼은 미리 마련하고 재검토해야 할 시점임을 다시 강조한다. 나도 40대 중반부터 노후 대책 강구를 고민하고 구상하는 데에만 3년이라는 시간을 투자했다. 그런 추진 과정 중에 능력 부족도 있겠지만, 부모의 병고와 수발로 10여 년을 지내고 나니 퇴직이 눈앞에 서 있다는 현실에 놀랐다. 세월은 매몰차게도 여유를 주지 않았다. 하지만 당시에 구상했던 대책들이 지금에라도 노후를 위한 정신적 무장이라는 무기를 갖게 한 것이 다행이다.

40대여, 지금이라도 자신을 냉철히 들여다보고 노후를 준비하라. 시간은 세월이라는 가면을 쓰고 슬며시 흘러가는 나그네임을 명심하자. 후회하면 이미 늦을 터, 바로 지금부터.

돌직구로 물어보라

우리는 가정의 대소사나 기약된 행사를 앞두고 나름대로 준비를 하게 된다. 행사를 원만하게 해결하기 위해 친지나 주변 사람과 상의하고 결정하는 경우가 많다. 그런데 자신의 노후 문제를 남과 상의하는 경우는 생각 외로 적다. 사생활 문제이기도 하고 남에게 보이고 싶은 않은 심리인지도 모른다. 퇴직을 앞두고 노후 문제를 고민할 때나 실직 또는 사업을 접어야 할 경우에 가족에게는 알려야한다고 생각한다. 막막한 현실에 부딪힌다 해도 그렇다. 혼자보다는 함께 헤쳐나감이 자신과 가족을 위해서도 현명한 방법이다.

1997년의 IMF 금융위기를 잊을 수가 없다. 기업을 비롯해 개인이나 가정에서 참혹한 대가를 치렀다. 갑작스러운 기업의 폐업, 통폐합 또는 부도, 인원 감축 등으로 영세상인까지 몰락했다. 그 여파로 수많은 가장들이 실직했다. 이혼을 비롯한 가정파탄도 빈발했다.

G는 하루아침에 회사 밖으로 내몰리게 될지 상상도 하지 못했다. 어느 날 G는 최후 통보를 받았다. 그는 최소한의 퇴직금과 평생직장을 맞바꾸는 신세가 되었다. G는 날벼락을 맞은 듯한 참혹감과 배신감으로 나날을 보내었다. 가족에게는 강제해고를 당했다는 말을 입밖에 꺼낼 수 없었다.

G는 몇 달 동안 정장 차림으로 출근하는 것처럼 집을 나섰다. 시간을 때우려고 가족이 주로 다니던 장소를 피해 지하철을 타고 무료하게 소일하다가 술과 친구가 되었다. 영화 속 비련의 주인공인 듯했으며, 감정을 가라앉히는 데는 술이 적격이었다. 갈수록 자신의 노후를 비롯한 미래가 불투명해짐을 실감하고는 술이 G를 마시기 시작했다. 부인이 알아챈 때는 이미 회복할 수 없는 뒤였다. 결국 G는

간경화라는 시한부 인생을 맞이하고서야 병상에서 자신과 가족에 대한 참회의 눈물을 흘려야 했다.

이런 사례가 한두 명이었겠는가. 당시에는 역사에서 노숙생활을 하는 사람이 꽤 많았다. 그중에는 역경을 극복한 후 자연과의 교감을 통해 인생을 개척해 가는 '자연인'도 있었다. 그들은 각자의 인생관과 철학을 품은 채 삶에 대한 메시지를 건네기도 한다.

Y는 IMF 위기가 닥치자 재정 악화로 회사를 그만두게 되었다. 회사 사정을 잘 아는 그였지만 선택의 여지가 없었다. 직원들을 내보낼 때마다 Y는 죄책감을 시달렸다. 어느 저녁, 사장은 Y를 불렀다. 두 사람은 포장마차에서 소주잔을 기울이며 침묵했다. 사장은 Y에게 목이 멘 채 말을 꺼냈다.

"Y, 자네 나 알지. 난 기어코 다시 일어설 거네. 그러니 조금만 참고 기다려 주게. 회사를 제 자리로 돌려놓겠네. 그때는 자네를 제일 먼저 부르겠네. 자네 밑에 직원들도 말일세. 자 받게. 이 잔은 우리의 마지막 잔이 아니네."

"사장님, 꼭 그렇게 될 겁니다. 저는 어떻게 해보겠습니다. 아래 직원들을 먼저 부르셔야 합니다. 그들은 생계가 어려운 젊은 친구들 아닙니까."

"참, 자네는 역시."

Y는 그날 어떻게 귀가했는지 기억이 나질 않았다. 귀가 중 인근 술집에서 홀로 술을 벌컥벌컥 들이켰기 때문이었다. 귀가해서 아내와 아이들에게 회사 폐업으로 실직하게 되었다는 말을 꺼낼 수가 없었

다. 이튿날 Y는 대문을 박차고 무작정 나왔다. 온종일 시내를 걸었다. 땅거미가 질 무렵에 한강 둔치에 있었다. 강물을 바라보면서 이제 어떻게 해야 하나. 집 마련을 위한 대출금 상환도 연체되고 자녀들의 학자금, 부모의 병환 문제에 대한 해결책이 난감했다. 가슴이 답답하고 머릿속은 뒤죽박죽이었다. 호주머니에서 소주병을 꺼내 벌컥 들이켰다.

'아, 답답하다. 이래서 자살을 하는가 보구나.'

'그래, 더는 방법이 없네. 처자식에게는 미안하지만.'

그가 한강 둔치에서 물가로 다가가는 순간 플래시가 비치면서 괴성이 울렸다.

"거기 누구예요. 위험해요. 빨리 밖으로 나와요."

Y를 유심히 관찰하던 공원 관리인이 다그치며 소리쳤다.

"이봐요. 무슨 일인지는 모르겠지만 제발 이러지 말아요. 당신 죽으면 그만이야. 가족을 생각해야지. 나도 살고 싶어서 사는 줄 아슈. 일당 받으면서 겨우 살아가고 있소." 하며 Y의 손을 잡아챘다. Y는 공원 관리인과 이야기를 나누면서 우발적인 순간을 가까스로 모면했다.

'그렇다. 이렇게 죽기엔 너무 억울하다. 이를 악물고 사는 데까지 살아보자. 더는 바닥칠 일도 없을 거야. 무슨 일인들 못하겠어. 아내에게 털어놓고 상의하자.'

3년이 지날 무렵 Y는 일용직 배달 업무를 하던 중 끊임없이 울리는 휴대전화를 받았다.

"Y, 날세. 자네 내일부터 회사로 출근하게."

"아니, 사장님. 저를 잊지 않으시고."

이 사례는 세상을 살아가면서 우리가 겪을 수 있는 일이기도 하다. G는 실직으로 인한 충격과 배신감에 사로잡힌 채 자신의 인생을 위한 건설적인 생각을 하지 못한 경우이다. 하지만 Y는 공원 관리인의 도움으로 상황을 모면하고 밝은 미래를 위한 각오와 다짐으로 위기를 극복한 사례이다.

우리는 살아가면서 변화무쌍한 세상을 매일 맞이하고 있다. 노후 문제 역시 현실과 급변하는 세태 속에서 살아가야 하는 우리의 여정이다. 노후는 아무도 챙겨주지 않는다. 스스로 대책을 강구하고 해결책을 찾아야 한다. 답답해하며 혼자 끙끙 앓지 말고 맨 먼저 자신에게 돌직구로 물어야 한다. '나는 노후에 어떻게 살 것인가', '어떻게 사는 것이 의미가 있는가', '그렇게 살려면 어떻게 해야 하나'라고 말이다.

이 화두가 자신을 탐구하며 자신을 찾아가는 길이다. 그 길을 찾아가다 보면 자신의 장점과 단점을 더욱 실감하게 되고 감춰졌던 재능과 적성을 재인식할 수 있을 것이다. 바쁘다는 핑계로 미뤄왔던 것과 전혀 시도하지 못했던 재능까지도 말이다. 그 다음은 방향과 계획을 정하면 된다. 자신의 계획에 대한 윤곽이 잡히면 아내와 가족에게도 묻고 상의하는 것이 바람직하다.

그렇게 함으로써 우리는 불안해했던 노후 생활을 준비된 노후로 대체하는 데에 이를 수 있다. 이 고비를 넘기면 나름 자신감을 갖게 된다.

나는 퇴직하고 나서 과거를 돌아보았다. 반평생에 가까운 배움의 시간은 엄청난 세월이었다. 대학에 이르기까지 배움의 공간에서 성장했다. 직장도 연구소라서 35년간 전문 서적과 자료를 읽고 검토 분석하는 업무였다. 결과적으로 배움을 통해 업무를 수행한 셈이다. 정도 차이는 있겠지만 여러분도 해당 업무 추진 과정에서 이와 비슷한 배움을 통해 업무 수행이 가능했으리라고 생각한다. 배움을 통해서만 만사를 해결할 수는 없다. 우리는 직접 교육을 통해 배우지 않았더라도 체험, 경험, 감성, 지각, 교훈, 판단 능력 등에 따라 결정하고 행동해 왔다고 볼 수 있다. 모두 포괄적인 의미에서 배우고 습득하여 생활하는 데 적용해 온 것은 사실이다.

이러한 이야기를 하는 이유는 노후 생활을 위해서도 지속적인 배움의 길을 걸어야 하기 때문이다. 방향이 조금 다를 뿐이다. 이제는 지식이나 정보의 습득과 활용을 벗어나서 좀 더 폭넓은 배움의 세계로 들어가면 좋지 않을까 싶다. 퇴직 후는 업무 수행이나 지적 호기심의 해소 차원이 아닌 노후 생활 측면에 초점을 맞추는 시기라고 볼 수 있다. 박학다식해야 한다는 것은 아니다. 자신을 알아가는 과정부터 제2의 인생을 설계하고 보람 있는 노후 생활을 하기 위해 각자가 새롭게 배우는 자세가 필요하다는 것이다. 천편일률적인 방법론이나 매뉴얼이 있는 것도 아니다. 각자 찾아서 채워가는 과정이다.

노후의 장점으로 자유로운 시간 여유와 활용성을 들 수 있다. 시간을 적절하게 구분하고 배정하여 하루의 일과나 중장기적인 계획을 구상하는 것이다. 퇴직 전에 하고 싶던 대상을 우선순위에 따라 배우는 일정을 짜는 것이다. 요즘에는 대학들이 평생학습원이나 시민대학 등 취사선택할 수 있는 다양한 교육 프로그램을 운영하고 있다. 저명인사와 교수로 구성되어 양질의 교육을 받을 수 있으며, 취업의 문을 두드릴 기회도 꽤 있다. 고용노동부와 연계된 직장에서는 정부에서 지정한 교육프로그램을 운영하고 있다. 이 경우에는 전국 단위의 교육시설이나 학원에서 교육을 받을 수 있다. 고용노동부 홈페이지에서 '내일배움카드'를 신청해 발급받으면 수강료의 절반 이상을 정부가 지원한다.

노후를 풍요롭고 충만하게 살아가려면 배우고 체험하라. 그 과정에서 자신의 새롭고 진정한 모습을 발견할 수 있을 것이다. 인생은 배우면서 성장하고 결정하는 과정 아니던가. 70세가 넘은 사람이 중학교에 진학하거나 대입 검정고시에 합격하는 뉴스를 접하곤 한다. 몇 년 전 읽은 잡지에는 퇴직 후 60세를 넘긴 시점에서 제2의 직업을 갖게 된 노인의 일화가 실려 있었다. 그는 사진 찍기를 좋아했으나 전문적인 교육을 한 번도 받지 못했다. 그는 정부 지원 교육프로그램을 마친 후 전국 사진전에 지속적으로 출품했다. 이제는 중견 사진작가로 활동하면서 제2의 직업을 얻었다.

세계적인 동화작가이자 원예가 타샤 튜더는 어떤가. 그는 50대에 미국 버몬트 숲에 버려진 황무지 30만 평으로 홀로 들어갔다. 그는 자연과 교감하면서 40여 년에 걸쳐 세계적으로 빼어난 자연 정원을 탄생시키지 않았던가. "행복은 자기 자신이 만들어 가는 것이며 우울하게 살기에는 인생이 너무 짧다."라며, 92세로 타계할 때까지 어려서의 꿈을 평생에 걸쳐 실현시킨 독보적인 정원사였다.

퇴직 후의 우리는 '지금도 늦지 않은 때'이다. 불안은 마음과 시간만 좀먹을 뿐이다. 남을 의식할 필요도 없으며 나만의 인생을 살아가는 것이다. 배운다는 것은 우리의 인생을 풍요롭게 살찌울 것이다. 추가로 배울 게 마땅치 않다면 자신이 원하는 책이라도 읽는 게 어떤가. 정제되고 신뢰성 있는 정보와 경험을 바탕으로 다양한 지혜를 얻을 수 있다. 수많은 인생들의 파노라마를 접할 기회를 놓치지 말자. 교양 분야이든, 취미생활이든, 영적 분야이든 우리 영혼에 위안과 평정을 주며 삶을 충만하게 할 것이다. 노년에 배움을 게을러하거나 포기하면 낙후되고 침체된다. 미래에 대한 비전을 세울 수 없고 노후 인생은 눈이 멀기 쉬울 것이다. 배움은 노후 생에 녹아들 필수 영양소가 될 것임에 틀림없다.

이스라엘 하이파 대학의 명예교수이자 로고테라피 전문가인 다비드 구트만은 저서 『나는 별일 없이 늙고 싶다』의 서문에서 의미 있게 사는 것은 인생의 핵심 과제라면서 다음과 같이 이야기했다.

"어느 시대에나 현자는 배움이 가치 있음을 깨달았다. 배움은 지성뿐만 아니라 영혼에도 영향을 미친다. 망각도 마찬가지다. 인생에는 늘 변화가 따라다니기 때문에 이미 얻은 지식도 새로 갈고닦아야 한다. 소크라테스가 말했듯이, 배움은 다시 태어나는 것과 같다."

우리는 나이 들었다는 이유만으로 또는 평생을 배워왔다는 자만심으로 새로운 배움의 문에 빗장을 걸고 있지는 않은가. 우리가 과연 얼마나 알고 있는가도 자문해 볼 일이다. 나는 박사 과정을 거치면서 얼마나 무지했는가를 새삼 느꼈다. 전공과 전혀 다른 분야의 기술사에 도전하면서 배움의 즐거움을 느꼈다. 그런 과정에서 나의 무식함을 재확인했다. 배우고 깨닫는 과정은 우리의 삶을 더욱 풍성하게 하고 인생에 의미 부여와 겸허한 자세를 확립하게 하는 기회이자 지혜를 터득하는 지름길이다.

거미는 바람에 흔들리지 않는다

우리는 부부간이나 자식들에게 함부로 대하는 경우는 없었던가. 가족은 누구하고도 바꿀 수 없는 소중한 존재임에도 서로 얼굴을 붉히고 함부로 말하지는 않았는가. 나도 반성해 보곤 한다. 사랑이 충만한 가정의 평화가 자신과 가족 모두에게 행복의 근원이기 때문이다.

이제는 남의 탓. 주변 환경의 문제, 가족의 탓은 하지 말자. 현재 가족이 머무는 가정은 우리의 의지대로 꾸려온 증거물이다. 이제는 자신에게 진솔하며 가족에게 감사하는 마음을 가질 때이다. 우리는 자신에 대한 믿음을 가지고 출발해야 하며, 가족과 사별하게 될 때까지 우리의 계획을 품에 안고 가야 한다. 실수나 실패가 있을 수 있다. 장애물이나 벽에 부딪힐 수도 있다. 그렇다고 좌절하거나 의기소침하지 말자. 우리가 벽을 만나 자포자기라도 한다면 여태까지 살아온 인생이 너무도 억울하고 가족 또한 비참해질 것이다.

우리는 최선을 다해 작성한 노후 설계안을 실행하는 단계에서 자칫 실패를 경험할 수도 있다. 이로 인해 자포자기할 수도 있다. 장기간의 목표 중에 결과나 성과물이 단기간에 나오지 않으면 초조감이나 불안을 느낄 수 있기 때문이다. 그러고 나서 '이게 제대로 되겠어?'라며 회의감이 들기도 할 것이다. 이때 마음을 다잡아야 한다. 노년 갱년기를 극복할 '회복 탄력성'이 중요한 이유이다. 우리는 유아기에 일어서기와 걷기를 위해 수없이 넘어졌다. 또한 자녀를 키우면서도 똑같은 것을 체험하면서 성장의 기쁨을 맛보았다. 그것은 하루하루 부단한 노력의 대가였다. 한 발짝 한 발짝 디딤에 의미를 두었다. 그러한 작은 성공이 우리를 걷게 만들었다.

우리는 장기간 노후 생활을 향하는 유아기로 진입하는 순간이다. 『스몰 빅』의 저자인 제프 헤이든은 일상의 작은 습관과 행동에서부터 '작은 성공'의 즐거움을 느껴야 한다고 강조한다. 그는 다음과 같이 논리적으로 설명하고 습관화를 공식화하였다.

"작은 성공 하나하나가 동기를 부여한다. 작은 성공 하나하나가 자신감을 심어준다. 작은 성공이 쌓여서 과정이 된다. 재미는 없을 수 있지만 보람은 확실하게 느껴진다. 계속 앞으로 나아가려면 그것만으로도 충분하다. (중략) 그저 오늘 할 일만 생각하게 된다. 매일 자신에 대해 좋은 기분을 느끼고 자신감과 성취감이 쌓여, 다음 날에도 어김없이 할 일을 하게 만든다. 한마디로 과정은 이런 모습이다.

성공→동기부여→또 성공→또 동기부여→또 성공 = 존재적 생성

아무리 사소하고 하찮아도 할 일을 했다는 사실을 알게 되면, 이미 마음 깊숙한 곳에 자리한 동기부여를 끄집어 낼 수 있다. 스스로 얻어낸 성공은 최고의 동기부여 도구다. (중략) 그렇게 시간이 지나면 목표는 존재의 일부가 된다."

제프 헤이든의 메시지는 노년기뿐만 아니라 우리 모두에게 삶의 목표를 지향하는 측면에서 중요한 모토를 제시하고 있다. 그것은 미국 펜실베이니아 대학의 심리학과 교수인 안젤라 더크워스가 주장한 '그릿(GRIT)'의 의미와도 일맥상통한다. 성공의 비결은 재능이 아니라 '열정과 끈기의 조합'이라는 것이다. 바로 꿈과 미래를 향해 물고 늘어지는 근성이라고 그는 말한다.

냉철히 생각해 보자. 주변에 성공한 사람들의 사례를 분석해 볼 필요가 있다. 그들 중 실패와 역경을 거치지 않고 성공한 사례가 있는지를. 모두 우리와 똑같이 자신감이 없고 의지력도 미진하며 특출한 재능도 없던 사람들이었다. 우리가 모르는 사이에 그들은 실패를 도

전으로 기회 삼아 회복 탄력성으로 극복한 장본인이다. 어느 날 갑자기 우리 앞에 성공한 사람으로 나타난 게 아니라는 사실을 직시해야 한다.

이제 우리는 실패와 오류를 통해 더욱 다져지고 산 교훈을 배워야 하며, 밝은 비전을 향해 가슴을 펼치고 나아가야 한다. 어차피 인생은 한 번 주어진 숙명이니 제대로 살아보자는 것이다. 여태까지 고난과 역경을 헤치고 홀로서기를 해온 우리다. 끊임없이 실천하는 거미의 생태적 진리를 이제는 우리가 배우고 각인시킬 때이다. 거미는 바람에 흔들리지 않음을 인식하자.

거미는 바람에 흔들리지 않는다

거미는 바람에 흔들리나, 동요하지 않는다.
갖은 풍파에 집이 망가져도 실망하지 않는다.
이미 거미는 세월의 풍파를 경험했기에
풍우가 지나가길 기다릴 뿐이다.

그리고, 바람이 잔잔해진 어느 날,
할퀴고 삭막한 둥우리에 연연하지 않는 채,
거미는 한 땀 한 땀 여유 있게
새집을 지어나갈 뿐이다.

– 이종욱

2장

피할 수 없는 동행

그날 밤은 시작에 불과

I

2009년 11월 밤 10시경. 업무를 마치고 퇴근하여 소파에서 텔레비전을 보면서 비몽사몽일 때 휴대전화가 울렸다. 예감이 좋지 않았다. 119 구급대원 긴박하게

"○○○ 할머니 보호자 되십니까?"

"예, 맞습니다."

"119인데요. 지금 모친의 낙상으로 응급실로 이동 중입니다."

"예?"

나는 망연자실했다. 무엇부터 해야 하나 하며 잠시 눈을 감았다. 물 한잔을 마시고 텔레비전을 끄고 피곤해 잠든 아내 얼굴을 쳐다보았다. 곧바로 옷을 갈아입고 문을 박차고 나갔다. 밖은 을씨년스러웠고 가로등만 호젓하게 밝았다. 자동차 시동을 걸었다. 아내에게는

휴게소에서 전화하는 게 나을 듯싶었다. 내일 처리해야 할 업무가 시급하기는 하나 가면서 생각하자고 정리하였다. 비상등을 켜고 출발하여 정읍휴게소에 이르렀다. 아내에게 전화하려다 접었다. 내일 새벽에 알리자. 맞벌이가 쉽지는 않았다. 휴게소에서 잠시 쉬다가 생수를 들이켜니 정신이 맑아진 듯하였다.

나주 종합병원에 도착했다. 응급실 시계는 자정을 지나고 있었다. 응급실 구석에서 낯익은 모친의 신음이 들렸다. 그때까지 119 구급대원들은 모친의 침상 옆에서 보호자인 나를 기다리고 있었다. 그 옆엔 사색이 된 부친께서 엉거주춤하니 계셨다. 여성구급대원은 나를 확인하고 병원 측에 인계조치하고 돌아갔다. 노부부의 응급 대처 능력이 미심쩍었던지 내가 도착할 때까지 자리를 지켜준 듯하였다. 감사의 인사를 마치고 응급실로 들어왔다.

담당 의사가 모친의 상황을 확인하면서 말을 건넸다.

"엑스레이 촬영을 판독한 결과 척추 손상이 심합니다. 연세가 많으셔서 당장 수술은 어렵고 내일 아침 담당 전문의가 최종 결정을 하실 겁니다. 우선 진통주사를 놓고 고정된 상태로 밤을 지내야 할 것 같군요."

"이대로 밤을 넘겨야 한다구요?"

"예."

순간 몰인정하고 단호한 것을 느꼈다. 말 그대로 응급실의 응급조치였다. 침상에 누운 모친의 얼굴은 흙투성이고 몸을 가누지 못했다. 진통주사를 맞았어도 계속 신음소리를 냈다. 눈앞이 캄캄했다. 밤이 지나면 내일 어떤 결과가 나올지.

부친을 고향집으로 모시고 안심시킨 후 응급실로 돌아왔다. 부친께 상황을 여쭤보니 뒤편 툇마루에서 과일을 꺼내다 발을 헛디뎌 마루 아래로 굴러 떨어졌다고 하셨다. 평소에 어지럼증을 호소하셔서 밤에는 거동을 조심하셔야 한다고 했지만 그게 쉬운 일인가. 나는 왜 화가 치밀어 올랐을까. 과일을 찾으러 툇마루로 나갈 수도 있고 발을 잘못 디딜 수도 있는데, 인정하기 싫었을까. 나는 고개를 저었다. 툇마루에 가이드를 진작 설치해야 했는데, 시공을 미룬 내 탓이지. 죄송할 따름이었다. 자책감에 빠진 채 이런저런 생각으로 날을 샜다.

다음 날 아침 9시에 나를 찾는 방송이 울렸다. 전문의를 대단한 존재로 느끼기는 그때가 처음이었다. 가운을 입은 의사는 상당히 차분하고 여유를 가진 사람이었다. 내가 말을 꺼내기도 전에 엑스레이 사진을 보더니 심각해지는 것이 아닌가.

"보호자님. 환자의 연세와 손상부위의 특성을 감안하여 좀 더 세밀한 검사를 해봐야 할 것 같습니다. 엑스레이 촬영으로는 정확하게 손상 부위를 판독하기 힘드니 MRI를 찍어 봐야겠어요. 생각 외로 척추손상이 심합니다."

"예, 말씀에 따르지요. 회복 가능성은?"

"MRI를 판독해야 척추의 입체적인 손상부와 심각성을 정확히 알 수 있습니다. 너무 염려하지는 마시고요."

나의 머릿속은 멍하고 복잡해졌다. 40여 분 촬영 후 판독 결과는 두 시간 이상 소요된다고 했다. 응급실 침상 옆에서 모친을 바라보며 심란하던 터에 나를 찾는 방송이 재차 나왔다. MRI 판독 결과가 나온 것이었다. 긴장된 순간이었다. 주치의 방문을 열고 들어서자, 그는 침통한 표정으로 말문을 열었다.

"판독 결과, 척추의 중간부위가 골절되고 주변 신경이 눌린 데다 뒤쪽 척추까지 부서진 상태입니다. 봉합수술을 해야 합니다."

"봉합수술이라뇨? 어떻게 하는 거죠?"

"쉽게 말씀드리면, 성냥갑 크기의 철판을 척추에 볼트로 고정하는 수술입니다."

"노인에게 이 쇳덩어리를 붙여요?"

"예, 달리 방법이 없습니다. 노인의 골절상에 통용되고 있으니, 너무 염려하지 마세요."

"어휴."

나는 머리를 감싼 채 말을 잃었다. 고개를 다시 들고 주치의 얼굴을 보니 많이 본 듯한 느낌이 들었다.

"혹시 광주일고 나오셨어요?"

"예."

"혹시 52회 아닌가요?"

"어, 맞는데."

"이종욱이네. 낯이 익은데."

"어? 찬찬히 보니 알겠네."

고등학교 졸업하고 30여 년 만이다. 나는 듬직한 의사 친구를 알게 되어 안심이 되었다.

"고 원장, 어떻게 했으면 좋겠는가. 수술은 피할 수 없을 것 같은데."

"요즘에는 이런 수술이 다반사네. 너무 염려 말게."

나는 머릿속이 복잡해졌다. 나주시의 종합병원인데다 의사 친구가 있으니 다행인 반면, 대학병원에서 수술하는 것이 더 좋지 않을까 하는 생각이 스쳤다.

"오해는 하지 말게. 자네가 집도하면 든든하나, 자네가 내 입장이라면 여기서 치료해도 좋겠는가."

"자네 심정은 말하지 않아도 충분히 이해하네. 정형외과 전문의도 개인별 주특기가 있네. 내가 척추수술만 전문으로 하는 명의를 소개할 테니 기독교병원으로 가보게. 구급차도 수배해 놓을 테니."

미소를 지으며 선처해준 친구가 고마웠다. 한편으론 오랜만에 만났는데 미안하고 속이 보여 부끄러웠다. 나는 친구의 손을 꼭 잡고 고마운 인사를 하며 나왔다.

II

모친의 퇴원과 더불어 임상자료 등을 챙겨 광주의 기독교병원 응급실에 도착하니 땅거미가 지고 있었다. 30여 분 후 수술담당 의사인 P와 면담을 마쳤다. 손상부위가 크나 걱정 말라는 조언이었다. 두세 시간 걸린다는 수술이 30여 분 경과하자 불안해지기 시작하였다.

초조하던 차에 수술실 문이 열렸다. 모친을 집도한 P가 수술복을 입은 채 걸어 나와 내 앞에 섰다.

"생각보다 척추 손상이 심하여 봉합 작업에 시간이 걸렸습니다. 최선을 다했으니 염려 마세요. 한 시간 후면 깨어나실 겁니다."

"정말 수고하셨어요. 감사합니다."

"3주 정도는 입원치료가 필요합니다."

이렇게 부모님의 노환은 시작되었다. 간병인을 구하는 일도 쉽지 않아 간호사실에 부탁했다. 퇴원 이후에도 6개월 동안은 고정대를 착용하고 가만히 누워 계셔야 했다. 입원기간 중에는 주말에 아내와 함께 모친 수발과 고향집에 계신 부친이 식사할 거리 등을 챙겨 내려가기로 하였다. 대전과 광주의 거리는 생각보다 멀었다. 모친의 수술 후 회복도 중요하지만 부친의 식사수발도 시급하였다. 그렇다고 대전 집에서 모실 수도 없었다. 모친은 순조롭게 회복 중이었으나, 아내와 나는 주말마다 찾아뵈는 방법 외엔 묘책이 없었다. 부친은 활동적이니 모친 수발을 부탁할 수밖에 없었다.

그렇게 겨울은 내게 찾아왔고 부모에게는 냉혹한 현실을 겪는 나날이었다. 5월을 맞이했다. 고향집에는 두 분이 심고 가꾸었던 영산홍들이 꽃망울을 터트렸다. '아, 모친의 회복세와 더불어 너희들이 환영하고 축복해주는구나.'

그동안 무심코 지나쳤던 화초 하나하나가 우리 가족을 위해 존재한 것 같았다. 안방 문을 활짝 열며 모친께 외쳤다.

"어머니, 정원의 저 꽃들을 좀 보세요. 두 분이 애써 키워온 보람이 있네요. 어머니 힘내시라고 웃는 것 같지 않아요?"

"그렇기도 하지만 네가 정말 애썼다."

나는 눈시울이 뜨거워졌다. 모친의 눈길을 피해 뒤뜰로 돌아섰다.

부모와 노후 동행

부모님의 노환을 여러 해 겪으면서 나 자신의 노후를 막연히 그려 보았다. 모친의 또 다른 낙상사고와 부친의 폐렴 재발로 두 분을 입원시킨 후 고향집에 돌아온 한밤중에 홀로 앉아 있을 때의 상념이었다. 나의 암울한 미래를 보는 것 같아 망연자실했다.

10년 후의 내 모습은 어떨까. 퇴직을 앞두겠지. 그 후에는 어떻게 하지. 머지않아 곧 다가올 텐데. 우선 당장 넘어야 할 산인 부모님의 상황이 쉽지 않으니 앞으로 어떻게 해야 하나.

고향에 들를 때마다 되뇌던 생각이었다. 정답을 원하고 찾고자 하는 것은 아니었지만, 부모님의 병수발을 하면서 답답한 심정으로 마당을 거닐면서 시름에 빠진 게 한두 해가 아니었다. 가을밤에 홀로 술잔을 기울일 때 귀뚜라미는 왜 그토록 나를 헤집는지.

세월이 해결해 준다고 했던가. 한 해를 넘기고 고향에 들렀을 때 나 자신이 차분해짐을 느꼈다. 그동안 담대하게 대하자는 마음이 습관화된 것일까. 무슨 조화인가. 바뀐 내 모습이 생경했지만 마음이 편했다. 그렇다고 체념이나 포기는 분명 아니었다.

고향집 관리를 마치고 휴식하던 중 부모와 함께 살아가는 내 모습이 대문 저편에서 어렴풋이 보였다. 마치 최면에 걸린 것처럼. 바로 '부모와 함께하는 노후생활'이었다. 처음에는 심란하고 답답했다. 시간이 흐를수록 부모와 나를 위한 노후 생을 나도 모르게 그리고 있었다. 그러한 마음가짐은 바람직하고 합리적이었다고 스스로 위로했는지도 모른다. 그 후부터 마음이 편해진 것 같다. 이른바 '내려놓는다'라는 의미를 체득했다고나 할까. 내려놓으니 마음이 편해지고 긍정적인 미래가 보이기 시작했다. 이런 생각을 하려고 그렇게 고민하고 힘들었나 보구나 하고 혼자 중얼거렸다. 나를 더 이해하게 되고 부모의 모습을 그대로 지켜보는 것이 현명하다는 생각이었다.

이와 더불어 노후 대비가 철저하지 않으면 나도 부모의 전철을 밟을 수 있겠다는 불안감과 경각심이 본격적으로 자리 잡았던 것 같다. 그동안 노후 준비를 해왔는데도 말이다. 이렇듯 사람의 생각을 바꾸기는 참으로 어렵다. 여태까지 나 자신도 제대로 간파하지 못한 상태에서 부모를 어떻게 이해하겠는가 말이다. 하지만 부모의 노후 생활을 체험함으로써 나 자신의 노후 생을 더욱 의미 있게 보낼 계기가 된 것은 커다란 배움이었다.

부모에게서 나를 본다

I

봄이 되면 고향집 관리 때문에 부담이 되곤 하였다. 집안 구석구석을 살피고 보수하느라 바빠지기 때문이다. 이제는 부모도 나를 반길 수 없기에 쓸쓸하기만 하다. 집은 사람의 손길이 닿아야 한다더니, 그토록 정겹던 생가가 이토록 황량하고 썰렁할 수 없다. 작업을 하다가 못내 일손을 내려놓기 다반사였다.

대전으로 두 분을 모시기는 했으나, 집 관리는 염려 마시라고 호언장담했건만 이제 빈집에 홀로 서 있는 나를 실감하게 되었다. 당신들이 그토록 고향집을 그리워하던 것을 내가 모르는 것은 아니었으나, 이제는 내 가슴이 미어지니 말이다. 현실 여건 때문에 부모의 건강을 위한답시고 말이다. 한참 서성거리면서 마음의 갈피를 잡기가 어려웠다. 결국 부모님을 통해 나의 미래를 보게 된 것이다.

부친은 평생 외지에서 교직 생활을 하셨기에 나는 주로 모친 슬하에서 성장기를 지내왔다. 모친은 내게 말씀하곤 하셨다.

"사내란, 지구상 어디에 떨쳐놓아도 강인한 투지를 지녀야 한다."

"항상 당당하게 살아라!"

모친의 소품을 만질 때마다 과거의 훈계가 새록새록 가슴에 다시 새겨지는 것 같았다. 이래서는 안 돼 안 돼 하면서도 추스르기 어려웠다. 마음을 가다듬고 예초기 시동을 걸었다. 잡초라도 치는 것이 잡념을 없앨 터이다. 한 시간여 동안 잡초를 치고 나니 마음이 진정되었다. '그래, 이제는 나 자신도 용서를 구하고 홀로서기를 담대하게 해야 하지.'를 다짐하며 중얼거렸다.

II

살아가면서 어려운 일을 겪을 때는 자신이 몰두할 수 있는 일에 열중하기를 대체로 권고한다. 나도 고향에 들를 때마다 가능한 한 안방에 들어가지 않고 의도적으로 집 뜰에서 작업하였다. 안방에 들어서면 두 분의 체취와 추억이 다가오기 때문이었다. 자식을 최우선으로 살아오신 두 분의 노후가 이렇게 될 줄이야. 무엇과도 대체할 수 없고 보상할 수도 없는 이 무력함이란. 인생사가 덧없고 허망하다지만 부모의 노후를 바라보면서 이제야 나도 철이 들고 겸손함을 배웠다. 그와 함께 내려놓는다는 인생의 교훈도 체득했는지도 모른다.

현재 부모님은 대전 요양병원에서 치료 중이나 이제는 부모와 내가 함께 노후를 맞이한 것이다. 이러한 상황은 나뿐만 아니라 우리 모두의 과제이자 미래가 될 것이다. 그렇다면 우리는 노후를 어떻게 생각하고 대비해야 할 것인가. 대부분은 노후 생활의 조건으로 맨 먼저 경제적 문제를 손꼽는 듯하다. 그 다음이 건강과 소일거리 등이다. 나는 부모의 노환과 노후생활을 체험하면서 무엇보다도 노후를 대하는 '마음가짐'이 중요하다는 결론을 내렸다. 경제적 측면과 건강 문제 등이 중요하지 않다는 것은 아니다. 각자가 노후를 바라보는 마음가짐의 중요성을 강조하고 싶다.

우리는 '공수래공수거(空手來空手去)'라는 구절을 알고 있다. 빈손으로 왔다가 빈손으로 가는 것. 그런데도 우리는 소유와 미련에 사로잡히지는 않는가. 나는 부친 퇴직 이후 30년간 부모의 노후 생활을 체험하며 비록 직접 모시지는 못했으나 나름 정성을 다해왔다. 그러나 결국 요양병원에 갇히는 상황이 안타까울 뿐이다. 두 분이 내려놓기를 하셨다면 고향에서 여생을 보내실 수 있지 않았을까. 부친 퇴직 이후 20여 년은 두 분 모두 인자하셨고 다정다감하셨다. 그 후에는 병고와 무료함 때문에 행복하지 못한 노후를 맞이하게 된 점이 지금도 가슴 아프다.

　이제는 나도 노후를 적극적으로 대비해야 할 시점이며, 부모님의 노후 또한 간과할 수 없는 현실이다. 이러한 맥락에서 내 인생의 첫 책을 쓰게 되었으며, 나를 포함하여 노후를 걱정하는 여러분을 위해 도움이 될 메시지를 전하고 싶었다. 상당한 용기가 필요했다. 이제는 우리 모두의 노후 대책을 위해 책으로 꼭 써야겠다는 의무감과 사명감까지 들었다.

　결국 노후 대비를 위해서는 우리가 앓고 있는 문제가 무엇이며, 고민이 무엇인지, 노후를 바라보는 시각과 대책 방안을 검토해 볼 필요가 있다. 우리는 노후에 나이 듦에 따른 장점을 토대로 마음의 근육을 단련시킴과 동시에 평정한 마음을 지니도록 터득해야 할 것이다.

3장

홀로서기

그래도 황혼은 여명을 약속한다

우리는 의료 시스템에 익숙하다. 정기적으로 건강 검진을 받거나 질병에 노출되어 단기간의 치료를 받는 것이 대부분이었다. 하지만 부모나 직계 가족이 장기간 입원할 경우에는 상황이 매우 다르다. 심신이 경직되고 신경이 날카로워지며 환자 자신은 물론, 가족의 정신적, 육체적, 시간적 패턴이 순식간에 바뀐다. 가족이 교대로 병원에 기거하며 간호하거나 간병인을 활용할 수밖에 없다. 이른바 가족간에 인생고해의 밥상을 받은 것이다. 물릴 수도 없는 밥상이다.

환자가 회복 가능하거나 좀 더 나은 미래가 보일 소지가 있다면 그나마 다행이다. 하지만 환자의 상황이 악화되거나 주변 여건이 여의치 않으면 보호자나 의료대리인 입장에서는 그야말로 첩첩산중을 헤매는 심정이다. 내 부모의 경우가 그러했다. 두 분이 거동에 문제가 없었을 때에는 안과, 피부과, 내과, 이비인후과, 비뇨기과 등을 순회하듯 돌아야 했다. 대전에서 새벽같이 출발하거나 전날 고향에 들려서 당일에 진료를 모두 받아야 하는 무리한 일정임에 틀림이 없었다. 이동하는 시간을 벌기 위해 간호사에게 미리 부탁하기도 했다.

지나고 보니 그것은 일도 아니었다. 모친의 낙상에서 시작된 노환은 수년간 반복되었다. 게다가 숨 돌릴 틈도 없이 부친의 청각장애, 대상포진과 폐렴, 전립선염, 대장 출혈 등으로 고향과 응급실을 정신없이 오갔던 긴급 상황을 떠올리면 지금도 아찔하다. 어떻게 내가 버텨왔는지도 모를 지경이다. 그때는 녹초가 된 채 칠흑 같은 터널을 헤집고 다니며 한 줄기의 빛을 갈구했었다. 오로지 주치의의 입을 바라보았다.

그러한 과정에서 내가 깨우친 것들이 깊숙이 다가왔다. 삶에 대한 자각이었는지도 모른다. 예전에는 대수롭지 않게 지나쳤던 사건들이었다. 예를 들면 응급실 상황이다. 이제는 나와 우리 가족의 모습일 수 있겠다는 체험을 하게 된 것이었다. 경음기를 울리며 들이닥친 응급차에는 심근경색 환자, 교통사고로 유혈이 낭자한 환자, 급성 질환으로 사경을 헤매는 수많은 사람을 목격하면서부터였다. 게다가 초긴장으로 무장한 119 구급대원, 응급실 문이 열리자마자 뛰어들어 응급조치를 수행하는 의료진. 나는 심장이 멎을 듯 경건했다. 그야말로 아비규환이었다. 그런 순간에도 침착하고 신속한 응급의료 조치를 바라보면서 그들에게 격려와 응원의 박수를 보냈다. 응급차에 실려 온 환자들은 응급실에 들어서기 전까지는 정상인이었을 것이다. 이러한 과정에서 나는 인간의 나약함과 예측 불가능성을 심각하게 체험했다.

부모의 노환을 통한 삶의 재해석과 의미이다. 병고와 사고로 자식을 힘들게 하셨지만, 그분들의 심정은 오죽했을까. 자식을 힘들게 하는 일은 그렇게도 마다하는 부모였건만 노환에는 어쩔 수 없는 인간이었다. 삶이란 대단하지도 미미한 것도 아니라는 사실과 노후 생의 현장을 체감하도록 해주신 걸 이제야 느끼다니. 나는 삶에 대한 애착과 살아 있는 동안의 적극적인 자세, 겸허함을 배우게 된 셈이다.

부모의 노후 생활을 바라보면서 나와 부모의 노후 문제는 단순히 가족만의 문제가 아니라는 걸 깨달았다. 누구도 노후와 죽음은 피할수 없고 자유로울 수 없다. 결국 나는 부모와 동행할 수밖에 없는 노후 문제를 진솔하게 바라보고 내가 구상하는 노후 설계 방안을 여러분에게 제시하려고 용기를 내었다.

그래도 살아 있음에 감사하고 땅을 딛고 사는 동안에는 남을 배려하는 것이 우리를 행복으로 안내하는 게 아닌가 싶다.

이제는 나의 노후를 위해 용기와 회복 탄력성으로 재무장하게 되었다. 한낮 작열하던 태양이 온기를 내려놓은 채 여명을 약속하듯이. 그동안 내가 깨우친 것은 나의 노후 생의 홀로서기를 위하여 보물 같은 자산이 될 것으로 믿는다. 나는 노후에 필요할 때마다 그것을 하나씩 끄집어내어 적절하게 활용할 수 있을 것이다.

살아 있는 동안에는

지금까지 노후 생활을 원만하게 꾸리기 위한 설계와 마음가짐에 역점을 두어왔다. 이 문제 역시 만만한 준비는 아닐 것이다. 우리가 설계안과 마음의 각오를 다지고 실천한다고 해도 모두 성사되리란 보장이 없다는 것도 염두에 두어야 한다. 우리가 살아오면서 확인했 듯이 돌발 변수가 악재로 작용하는 경우도 많기 때문이다. 그렇다고 포기할 순 없다. 믿음을 갖고 나아가는 방법 외에는 다른 대안이 없 다. 우리가 살아가면서 의미 있는 삶이란 무엇이며 삶의 가치는 무 엇일까. 다비드 구트만은 카를 융이 주장한 인생의 의미에 대해 다 음과 같이 해석하였다.

"인생 후반부의 사람들은 깨어난다. 그래서 지금까지 도외시했던 힘과 역량을 느낀다. 나의 내담자도 그랬다. 나이 든 사람도 과거와 이상, 생활방식, 인생사의 의미를 이해한다면 더 큰 정신적 발달을 이룰 수 있다. 나이 든 사람은 인생사가 자신에게 무엇을 상징하는 지 새로 이해한다. 나이 든 사람도 꿈을 이루고 인생 의미를 새로 발 견하면 더 큰 만족과 행복을 이룰 수 있다."

노후 생활을 하면서 우리는 생활 자체만으로도 벅찰지도 모른다. 경제적인 측면이나 건강상의 문제 등으로 말이다. 하지만 인생의 목 표와 이상이 있는 한 이를 지탱하는 목적의식과 실천력은 우리를 의 미 있는 길로 안내할 것이다. 또한 그에 따른 성취감을 느낄 것이며,

새로운 목표를 향해 창조성을 발휘할 수도 있다. 재산, 명예, 권력만을 추구하는 사람들은 나름대로 성취감을 느낄지도 모르지만 과연 노후 인생에 어떤 의미를 줄지도 생각해 볼 일이다. 그들도 나름의 철학에 따라 행동하겠지만 말이다.

인생의 의미를 발견하려면 개인 차원을 탈피하여 뭔가 남에게 도움을 줄 행동철학이 반영되어야 할 것이다. 그것은 절제된 마음가짐으로 부단하게 노력해야 할 것이며, 결국 이타적인 결과물로 산출될 것이 틀림없다. 이것이야말로 카를 융과 다비드 구트만이 주장한 '더 큰 정신적 발달'을 위한 우리의 태도이자 실천철학이다.

세계보건기구(WHO)의 사무총장을 역임한 이종욱 박사의 헌신적인 의료 활동을 알 것이다. 그는 소박함과 검소함을 실천한 의료계의 거인이었다. 아프리카 대륙을 포함해 전 세계의 오지를 찾아다니면서 의료 활동의 선구자 역할을 해왔던 '슈바이처 2세'였다. 그분은 과로 때문에 회갑을 앞두고 돌아가셨다. 나는 텔레비전에서 방영된 그의 모습을 잊을 수 없다. 그는 병들어 몸을 가누지 못한 흑인 아이를 껴안고 국제기구의 수장으로서 눈물을 흘리기도 했다. 그는 기어코 회원국들을 설득시켜서 의료지원 예산을 확보한 후 그 애를 살려내겠다고 약속하였고, 실행하였다.

나는 그가 인생의 목적의식을 갖고 끊임없이 실천을 보여준 사람으로서 '의미 있는 삶'의 표상이라고 생각한다. 목적의식과 실천력이 수반되지 않는 인생은 의미 없는 허상일 뿐이다.

이러한 측면에서 노후 생활을 좀 더 의미 있게 보내기 위해서는 이 타적인 활동을 권한다. 대단한 계획을 세우고 사람을 모집하여 정기적으로 봉사활동을 하자는 것은 아니다. 생활 주변에서부터 작은 일이라도 시작해 보자는 것이다. 이러한 작은 행동이 시간이 흐를수록 사람을 모이게 할 수 있고 실천력은 더욱 힘을 얻게 될 것이다. 그에 따른 보람과 만족감은 우리에게 행복이라는 선물을 안겨주기 때문이다. 종교적 봉사이든 재능 기부이든 간에 일단 실천해보자.

김밥 할머니로 유명한 고 이복순(법명 정심화) 할머니의 사례를 보자. 그는 김밥 판매와 여관 운영으로 평생 모은 전 재산 50억 원 상당을 1990년 충남대학에 기부하였다. 이 기부금을 토대로 충남대학은 1991년 1월 정심화 장학회를 조성했으나 할머니는 이듬해 별세했다. 그의 재산 기부활동은 커다란 반향을 일으켰다. 2010년에는 초등학교 4학년 교과서에 그의 기부 정신이 실렸다. 그의 정신을 기리기 위해 충남대학 입구에 정심화 국제문화회관을 건립하여 매년 추모식을 거행하며 다양한 학술 활동과 문화 행사를 개최해 오고 있다.

이와 같은 이타적인 기부는 우리에게 인생의 의미와 삶의 가치를 깨우쳐 주는 사례임이 틀림없다. 부당한 방법으로 부를 축적하거나 부동산 투기로 일확천금하는 사례는 우리에게 실망과 배신감까지 들게 한다. 김밥 할머니는 살아 있는 동안 생의 귀감은 물론 전 재산을 미래의 유산으로 남긴 거룩한 인물이다.

우리 노후의 삶이 자신만을 위하기보다 그래도 살아 있는 동안에는 한 걸음 더 나아가서 나의 손이 필요한 곳으로 찾아 나서는 건 어떨까. 우리는 그 전의 삶보다 더욱 보람 있고, 존재 이유와 가치를 찾게 될 것임을 믿는다.

남은 설득하되 나를 사랑하라

2020년 11월, 퇴직을 앞두고 홀로 여행을 떠났다. 퇴직 전에 해외 여행이나 오지 탐험 등으로 과거를 반추하고 인생 2막을 설계하는 게 추세인 듯하다. 하지만 코로나19의 창궐로 모든 게 물거품이 되고 말았다. 직장생활에 마침표를 찍는 시점에서 내게 주는 인센티브라는 표현이 적절할지도 모른다. 오래전부터 제주 오름에 매료되었으나 3년 전부터 오름 탐방을 시작하게 되었다. 제주의 368개 오름을 하나하나 오르는 데 의미를 부여한 것이다.

뭍에서 탈출한 지 10여 분이 지나자 다도해에 이어 제주 바다가 나를 반겼다. 마음이 탁 트이고 설렜다. 저 멀리 윗세오름 아래 수많은 오름이 손짓하는 듯했다.

이튿날부터 서둘러 서귀포 인근 오름부터 매일 두세 개를 오르면서 호연지기와 나 자신을 찾아 나섰다. 오랜 세월 거의 한 직장에서 지냈다는 사실만으로도 축복이 아닌가.

며칠 동안 십여 개 오름 탐방을 마칠 무렵에 충동적으로 다른 장소를 방문하고 싶었다. 평소에 관심 있던 제주 도예촌이었다. 한때 고향 집 뒤뜰에 옹기가마를 만들 생각까지 했을 정도다. 그곳은 깔끔하게 정리된 것 같진 않았다. 칠순쯤인 도예촌장이 반갑게 맞으며 전시관으로 안내했다. 열정적으로 제주 도예의 역사를 이야기하는 그는 제주 도예 역사의 산증인이었다. 그가 연구하고 검토한 자료를 들으면서 제주 도예 문화에 대한 왜곡된 사실을 나는 간파할 수 있었다. 그의 눈과 음성에는 제주 도예에 대한 애정과 탐구력이 사뭇 특별했다.

건너편 공예방으로 들어가니 안주인이 맞이했다. 쪽진머리를 하고 개량 한복을 입은 것이 언뜻 보아도 도예 내공이 깊은 사람 같았다. 실내에 들어서며 입이 쩍 벌어졌다. 수많은 옹기와 다양한 도자기가 도열한 채 반겼다. 마치 숙연한 성소(聖所) 같았다. 그는 차분하게 도자기에 대해 하나씩 설명했다. 그곳의 도자기들은 각각 특유한 빛깔과 자태를 뽐냈다. 이곳의 모든 도기와 전통 옹기는 제주 흙으로 빚고 인공 유약을 바르지 않는다고 하였다. 가마의 불길에 의해 초벌구이로 자연 유약이 발색되는 원리라고 강조했다. 제주 전통 도기는 1960년대에 맥이 끊겼으나, 2000년에서야 세계 도자 역사에서 유례없는 돌로 만든 가마인 석요(石窯)를 복원하여 전승해왔다고 그는 힘주어 말했다.

제주 도자 역사에 관심을 보이자, 그는 내실로 안내하면서 진품이 소장되어 있다고 말했다. 유네스코 인증을 받은 작품과 다양한 도기가 정돈되어 있었다.

"여기 있는 도기는 밖에 있는 것과 다른 것 같은데요."

"예, 맞아요. 각별히 신경 써서 빚고 구워 낸 작품들이죠. 이 찻잔 뚜껑을 열어 보실래요? 여시면 그냥 드리죠."

"아니, 뚜껑이 안 열려요?"

"한번 열어 보세요."

투박해 보이는 찻잔을 잡고 용을 써도 뚜껑은 열리지 않았다. 어떻게 이럴 수가. 뚜껑 전체가 붙어 있는 것도 아니었다. 빙그레 웃던 그가 조그만 쇠못으로 뚜껑 옆을 톡톡 치니 열렸다.

"이 건 가마 속에서 불순물 유입을 막기 위해 개발한 노하우라서 말씀드릴 수 없음을 이해해 주세요."

"참, 희한하고 대단하군요."

"얼마 정도 하죠"

"사시게요? 좀 비싼데요. 십만 원은 받아야 합니다."

투박해 보이는 찻잔 가격이 만만찮았으나, 호기가 아니라 자신을 위해 선물하고 싶었다. 전통을 계승하는 사람들의 정성에 호의가 발동했는지도 모른다. 망설이지 않고 포장해 달라고 하니 그도 놀라는 기색이 역력했다.

"대부분 멈칫하시는데, 대단하세요."

"그래요? 제가 워낙 좋아합니다."

결제하고 아내의 얼굴이 떠올랐다. 아무것도 사오지 말라는 아내의 부탁이 잠시 맴돌았다. '아내 모르게 사무실에서 써야지.'

도예촌을 나오면서 나는 뭔가 홀린 느낌이었다. 첫째, 도자기의 미모에 홀렸고 둘째, 안주인의 행동과 언사에 묘하게 설득당했다. 참

이상했다. 내가 좋아해서 샀는데도 말이다.

사회심리학의 전문가이자 설득의 대부인 로버트 치알디니는 저서 『설득의 심리학』에서 인간관계와 비즈니스 분야에 대한 여섯 가지 설득의 법칙을 다음과 같이 제시하였다.

1. 상호성의 법칙
   작은 호의를 베풀면 빚으로 여기고 갚으려는 심리(미끼 효과)
2. 일관성의 법칙
   자신의 말에 책임지거나 선호성에 따른 심리를 이용(신용과 직결)
3. 사회적 증거의 법칙
   주변인의 상황이나 조건에 영향을 받는 심리(군중 심리)
4. 호감의 법칙
   자신에 대한 호감, 유사성이나 친구의 이름만으로 친화되는 심리
5. 권위의 법칙
   전문가나 권위자에 대해 맹목적으로 신뢰하는 심리
6. 희귀성의 법칙
   희귀하고 특정한 가치가 있는 대상에 끌리는 심리

나는 도자기를 사지 않기로 하고 들어갔지만 결국 사고 말았다. 이유는 무엇일까? 도예촌에 들어서자마자 촌장이 친절하게 설명해 주

었고(상호성의 법칙), 내가 좋아하는 것에 맞장구를 쳤으며(일관성과 호감의 법칙), 안주인의 세심한 배려와 전문적 설명(사회적 증거와 권위의 법칙)에 이어 특수한 작품이라는 점(희귀성의 법칙)에 굴복하고 말았던 것이다.

나는 여기서 배운 것이 있다. 노후에는 남의 이야기를 될 수 있는 한 끝까지 들어주는 게 좋다는 것이다. 이것은 인간관계의 시작이며 상호 간의 예의이다. 특히 협업과 상의를 전제로 한 직장을 이미 떠났다는 사실을 우리는 알아야 한다. 이제부터는 주로 안면 없는 사람들과 대면할 확률이 높다. 나이 듦에 따라 자식들과 더불어 주변 사람과의 관계를 새롭게 맺을 수밖에 없다. 그럴 경우 당장 결정해야 하는 상황이 아니므로 상대의 의견을 들어주는 입장이 되어야 한다는 점이다. 나이 든 자로서 그들에게 강요가 아니라 설득해야 하는 시기가 되었음을 의미한다. 경우에 따라선 가능한 한 짧고 굵게 말이다. 그렇게 함으로써 우리는 젊은 세대를 포함하여 주변 사람들로부터 신뢰와 존중을 받을 수 있기 때문이다. 우리는 로버트 치알디니의 설득의 법칙을 주변의 사람들에게 활용해도 좋을 듯하다.

하지만 설득의 법칙을 자신에게 적용하는 것은 상당한 무리수이다. 우리는 여태까지 남과의 대화에 익숙해진 반면, 자신과의 대화는 게을렀기 때문이다. 우리는 남의 이야기나 의견에 대해서는 나름 냉철하게 판단하지만, 자신의 문제에 대해서는 시간을 두고서도 결론을 내리지 못하는 경우가 다반사였다. 자신을 가장 잘 알 것 같으면서도 모르기 때문이다. 자신과의 대화 부족에다 설득까지 어떻게 한단 말인가. 참 아이러니한 문제다.

자신의 잘못된 습관(여기서는 일상적인 습관)이나 추진한 일에 대한 실수를 알게 되었다면 어떻게 대처해야 할까. 습관을 억지로 고치기 위해서(사실 고쳐지지 않지만) 그리고 실수에 대해서 자신을 설득할 일은 아니라는 점이다. 결론은 있는 그대로 자신을 수용하라는 것이다. 실수는 자신을 설득해서 복귀될 사안이 아니다. 실수를 인정하고 자신을 다독이며 바라보는 여유도 필요하다. 큰 잘못도 마찬가지다. 돌이킬수 없는 과거이기 때문이다. 바로 자기애(自己愛)를 아낌없이 품어야 함이다. 아무도 자신을 위로하고 신경 써주지 않는다. 배우자가 옆에 있다면 잠시 위로는 되겠지만 영속성은 없는 것 아닌가.

정신의학 박사 윤홍근은 저서 『자존감 수업』에서 맨 먼저 자존감의 기본적 정의를 내렸다. 자존감이란 자신을 어떻게 평가하는가(Self-Esteem)이며, 그 수준을 의미한다고 했다. 또한 자존감의 세 가지 기본 축은 자신이 얼마나 쓸모 있는 사람인지 느끼는 '자기효능감', 자기 마음대로 하고 싶은 본능인 '자기조절감', 안전하고 편안함을 느끼는 '자기 안전감'이라는 것이다. 그는 이러한 감정이 조화를 이뤄야 자신과 남을 사랑할 수 있다고 한다. 그는 결국 우리의 삶이 행복하려면 조건 없이 그대로의 자신을 사랑해야 하며, 과거나 미래에 대한 집착을 버리고 지금 당장 할 일에 집중하는 습관을 들이도록 강조한다.

이러한 맥락에서 최장원은 논문에서 노인의 자원봉사 활동과 자기효능감 사이의 영향 관계를 분석하였다. 그 결과 노인의 자원봉사 활동을 통한 사회 참여는 스스로 자기효능감을 증대시킴과 동시에,

내적 성장과 삶을 재조명하는 계기를 마련해 줄 수 있으므로 봉사활동의 활성화를 위한 실천적 방안을 강조하였다.

우리는 정신없이 앞만 바라보며 질주했다. 이제는 자신을 돌보고 애정을 쏟을 때이다. 우리는 그럴만한 자격과 역량이 있기 때문이다. 나는 노후생활에서 자기애가 매우 중요하다고 믿고 싶다. 이제는 나를 아끼며 유지할 에너지를 계속 충전해야 하기 때문인지도 모른다. 나를 사랑하기 위해서는 남을 사랑하고 배려해야 하지 않을까. 그렇게 함으로써 우리는 자존감을 느낄 수 있으며, 자신에 대한 사랑을 확인할 수 있을 터이다.

오늘도 나는 '도기 찻잔'을 두 손으로 감싸며 차를 편안히 마신다. 이 기분, 참 좋다. 이 책이 출간된 뒤에 아내가 한마디 할지 모르지만.

지금을 기억하라

우리는 A씨 사례로 노후 설계안과 청사진을 기획하는 경험을 했다. 이제는 노후에 대한 불안은 인생에 도움이 되지 않는다는 사실에 모두 동의할 것으로 믿는다. 개인적인 성향과 상황에 따라 차이가 있겠지만, 우리는 노후 설계를 위한 방안이나 대책이 유별나고 특별한 것이 아니라는 사실도 공감할 수 있다. 오늘이라는 하루의 생활이 인생의 축소판이라고 해도 지나치지 않다. 아침에 일어나 하루를 계획하고 그에 따라 생활하는 단순한 시간적 논리에 자신의 심신을 올려놓는 과정 말이다. 단지 시간의 연속성과 주변 상황에 따른 변화의 진폭이 우리를 당혹스럽게 하기에 간혹 곤욕스러울 뿐이다.

인간이란 움직임과 변화 속에서 살아갈 수밖에 없는 존재이기에 우리는 그 흐름 속에서 이겨나가는 법을 터득할 수밖에 없다. 우리 각자 계획하고 실천했던 노후 설계안이 자신에게 충분한 만족감을 안겨주지 않을 수도 있다. 그런데도 우리는 삶이라는 시간의 배를 타고 나아갈 수밖에 없다.

나의 사례를 하나 든다. 1986년에 입사하여 구내 은행에 들렀더니 은행원이 상냥하게 맞이하면서 새로 나온 개인연금 상품에 가입할 것을 권유했다. 비과세에다 소득 공제까지 받을 수 있다고 했다. 매월 10만 원이었다. 3년쯤 뒤에 은행에 들렀더니 그 은행원이 개인연금 신탁이 출시되었다며 가입을 독려했다. 동일한 조건에 월 20만 원을 저축하는 신탁 금융상품이기에 투자 효과에 따라 수익성이 다소 높다는 것을 강조했다. 장기적으로 괜찮겠다는 생각에 가입했다.

세월이 흘러 퇴직을 앞두고 분석 작업에 들어갔다. 인터넷에서 계좌를 열고 확인하는 순간 나는 놀랐다. '티끌 모아 태산'이라는 말을 실감했다. 무려 1억 원이라는 거액이 된 것이었다.

이 사례를 든 이유가 있다. 우리는 노후 생활을 위한 자산 증식과 투자에 수많은 노력을 기울여 왔다. 이에 견주어 우리는 자신의 노후 생활을 위해 자산이 아닌 자신을 위해 장기적인 정신적 투자는 얼마나 해왔는지를 신중히 고려해 볼 필요가 있다. 노후를 위한 자금 확보는 매우 중요하다. 이와 더불어 건강의 위험 상황에도 안전장치로 가입하는 것이 중요하다. 하지만 그 자금을 직접 운용할 고객은 바로 자신이라는 점을 지적한 바 있다.

여기에 우리가 간과한 것이 있다. 노후를 위해 자산 증식에 몰두한 나머지 자신에 대해서는 주기적으로 모니터링하고 장기적인 비전을 지향함을 게을리 했다는 반증을 확인한 것이다. 노년기에도 보유한 심적 자산이 있는데도 불구하고 그 자산은 가시적으로 증식되지 않는 무형물이기에 소홀히 해왔다는 사실이다. 심적 자산을 산술적으로 산출하거나 계량화할 수는 없다. 오랜 세월 동안 겪고 경험하며 농축되어 온 무형 자산의 존재를 망각해왔다는 점을 강조하는 것이다. 자신의 분신이었기에 항상 함께한다는 잘못된 타성임을 이제는 재인식해야 한다.

생각해 보자. 우리를 현재의 우리로 만든 공신은 물질적인 자산이 아니고, 우리의 심적 자산이었음을 감사하고 행운이라고 자축해야 할 마당이다. 우리는 직장 생활을 하면서 사업 수행이나 영업 성과를 올리기 위해 얼마나 노력해왔던가. 성공적인 사업 수행을 위해 불철주야 고민과 분석을 통해 전략을 짠 결과, 우리는 성공적인 성과를 얻은 경험이 있다. 그러한 성공의 내면에는 성공을 위한 부단한 정신적 노력과 투지, 그리고 경험을 통한 사례의 재분석 등이 결정적인 역할을 했음을 부인할 수 없다. 이 모든 것의 근원은 우리가 키워온 우리 자신만의 심적 자산이 받쳐주고 구동력 역할을 했음을 믿는다.

우리는 노후 생활의 행복을 위해 소중한 심적 자산을 항상 관리해야 한다. 우리를 위한 진정한 아군이기 때문이다. 노후 설계 방안이라는 표면화된 계획을 활기차고 지속성 있게 펼치기 위해서는 자신의 마음을 들여다보고 점검하며 검토가 필요한 이유이다. 앞에서 나는 노후 설계안에 대한 검토를 통해 '10년간의 실천계획표'를 작성하여 지니도록 권유한 바 있다. 이것은 종이쪽지에 불과할지도 모른다. 내 경험상 그 효과는 매우 크다. 결정적인 열매로서 우리를 환희의 장으로 인도할 것을 확신한다. 그것은 자신의 분신이자, 내 가슴에 항상 가까이 있으며, 우리를 고난과 역경에서 희망으로 환생시키는 보석이 될 수 있기 때문이다.

지금을 기억하라. 그리고 10년 후를 기약하라. 자신에게 믿음을 심어주고 항상 정겹게 다가가자. 그리고 내 분신과 틈나는 대로 달콤한 꿈과 희망을 노래하자. 자신의 믿음과 자신에 대한 꾸준한 탐구가 노후의 행복을 약속할 것이며, 희망이 노후를 평화의 길로 안내할 것이다.

이제 노후를 위한 행복한 미래를 가슴에 품었으니 내가 바라는 밝은 10년 후가 보이지 않는가. 정말이지 기대되는 날이다.

시몬 드 보부아르는 저서 『노년』에서 '나이 듦의 의미와 그 위대함'이라는 명제 아래 노년을 사회학적·철학적 측면에서 탁월한 통찰력으로 분석하였다. 그는 이 책을 통해 노인 문제가 심각한 사회 문제로 부상될 것을 30여 년 전부터 예측함과 동시에, 오랜 역사를 통해 노인 문제의 현실을 고발하였다. 그런데도 그는 사회적·제도적 측면의 개선을 강조하면서도 노년기의 중요성을 다음과 같이 역설했다.

"노년이 우리의 이전 삶의 우스꽝스러운 하찮은 모방이 되지 않게 하기 위한 해결책은 단 하나밖에 없다. 그것은 우리의 삶에 의미를 주는 목표들을 계속하여 추구하는 것이다. 다시 말해 다른 사람들이든, 집단이든, 대의명분이든, 사회적 혹은 정치적 일이든, 지적·창조적 일이든, 그 무엇에 헌신하는 길밖에 없다. 우리는 나이가 상당히 들어서까지도 강렬한 열정들을 오래 보존하기를 바라야 한다. 사랑을 통하여, 우정을 통하여, 분노를 통하여, 연민을 통하여 우리는 다른 사람들의 삶에 가치를 부여하며, 그 덕분에 삶은 가치를 보존하는 것이다."

★

요약 정리

철학

▶ 그래도 진정 찾아야 할 것들

카를 구스타프 융은 인격의 구조의 요소 중 자기(自己)를 매우 중시하면서, "완전한 자기실현을 달성하는 것보다는 자기를 인식하는 데 중점을 두어야 한다."라고 권한다.

진정 노후에 찾아야 할 것은 우리 자신의 마음가짐이다. 불안을 떨치고 차분한 마음으로 물에 비친 내 모습을 바라보는 것부터 시작한다. 이러한 자기 탐구과정을 통해 우리는 결국 나를 발견하게 됨과 동시에 자신만의 '마음의 자산'을 찾게 되는 것이다.

▶ 40, 50대여, 이를수록 득이다

40대 가장들에게 권하고 싶은 한 가지가 있다. 퇴직 이후에 노후를 준비할 방향과 장기적인 밑그림은 나름 고민하여 염두에 두라는 점이다. 지금이라도 자신을 냉철히 들여다보고 노후를 미리 준비하자. 시간은 생각 외로 세월이라는 가면을 쓰고 슬며시 흘러가는 나그네임을 명심하자. 후회하면 이미 늦을 터이니 바로 지금부터 말이다. 20, 30대도 예외가 아닌 현실임을 인식하자.

▶ 돌직구로 물어보라

노후 생활 역시 냉혹한 현실과 급변하는 세태 속에서 살아가야 하는 여정이다. 우리의 노후는 아무도 챙겨주지 않는다. 스스로 대책을 강구하고 해결책을 찾아야 한다. 답답해하며 끙끙 앓지 말고 맨 먼저 자신에게 돌직구로 물어야 한다.

"나는 노후에 어떻게 살 것인가. 어떻게 사는 것이 의미가 있는가. 그렇게 살려면 어떻게 해야 하나."라고 말이다.

이 화두가 자신을 탐구하며 자신을 찾아가는 길이다. 그 길을 찾아가다 보면 자신의 장점과 단점을 보다 실감하게 되고 감춰졌던 재능과 적성을 재인식할 수 있을 것이다. 그중에는 바쁘다는 핑계로 미뤄왔던 것과 전혀 시도하지 못했던 재능까지도 말이다. 그 다음은 방향과 계획을 정하면 된다.

▶ 지금도 늦지 않았어

퇴직 후의 우리는 지금도 늦지 않은 때이다. 남을 의식할 필요도 없으며, 나만의 인생을 살아가는 것이다. 배운다는 것은 대책이든, 경험이든, 교육이든 간에 우리의 인생을 풍요롭게 하고 살찌울 것이다. 배우고 깨닫는 과정은 우리의 삶을 풍성하게 하고 인생에 대한 의미부여와 겸허한 자세를 확립하게 하는 기회이자, 지혜를 터득하는 지름길이 될 것으로 믿는다.

▶ 거미는 바람에 흔들리지 않는다

이제는 남의 탓, 주변 환경의 문제 탓, 그리고 가족의 탓은 정말이지

하지 말자. 현재 가족이 머무는 가정은 우리의 의지대로 꾸려온 증거물이다. 자신에게 진솔하며 가족에게 감사하는 마음을 가질 때라고 믿고 싶다.

우리는 자신에 대한 믿음을 가지고 출발해야 하며, 우리의 계획을 품에 안고 가야 한다. 실수나 실패가 있을 수 있다. 우리는 노년의 '회복 탄력성'을 활용하여 더욱 다져지고 산 교훈을 배워야 하며, 밝은 비전을 향해 가슴을 펼치고 나아가야 한다. 수많은 고난과 역경을 헤치고 홀로서기를 해온 우리다. 끊임없이 실천하는 거미의 생태적 진리를 배우고 자신에게 각인시킬 때이다. 적어도 거미는 바람에 흔들리지 않음을 인식하자.

피할 수 없는 동행

부모의 노환을 여러 해 겪으면서 나의 노후를 막연히 그려 보았다. 모친의 추가적인 낙상사고와 부친의 폐렴 재발로 병원에 두 분을 입원시킨 후 고향집에 돌아와 한밤중에 홀로 앉아 있을 때의 상념들이었다.

바로 '부모와 함께하는 노후생활'이었다. 처음에는 심란하고 답답함 자체였다. 시간이 흐를수록 부모와 나를 위한 노후 생을 나도 모르게 마음에 그리고 있었다. 지금부터 나와 부모의 노후 동행은 진행형이며, 인생항로를 함께 손잡고 가야 할 막역한 인연이다.

노후 생활을 위한 조건으로 맨 먼저 경제적 문제를 손에 꼽는 경향이 있다. 그 다음이 건강, 소일거리 등이다. 나는 부모님의 노환과 노후 생활을 체험하면서 무엇보다도 노후를 대하는 '마음가짐'이 중요하다는 결론을 내렸다. 경제적 측면과 건강 문제 등이 중요하지 않다고 주장하는 것은 아니다. 우리는 각자가 노후를 바라보는 마음가짐에 따라 경제적 문제와 건강 측면 등도 주도할 수 있기 때문이다.

홀로서기

▶ 그래도 황혼은 여명을 약속한다

부모님의 노환을 겪으면서 내가 깨우친 것은 인생에 대한 소회 문제였다. 누구나 노년기에 겪어야만 하는 인간의 나약함과 예측 불가항력성을 심각하게 체험했다. 더불어 나는 삶에 대한 감사와 겸손 또한 느끼곤했다.

다음으로 삶의 재해석과 의미였다. 오랫동안 병고와 사고 때문에 자식을 힘들게 하셨지만, 이를 통해 나는 삶에 대한 애착과 살아 있는 동안의 적극적인 자세, 겸허함을 배우게 된 셈이다.

진정 내가 깨우친 것들은 부모의 노환을 겪고 고통을 품에 안으면서부터 비로소 결정화된 나의 분신이 되었을지도 모른다. 그러한 고충과 번뇌가 나를 더욱 담금질하였고, 나의 노후를 위해 용기와 회복 탄력성으로 재무장하게 하였다. 한낮에 작열하던 태양이 황혼기에 온기를 내려놓은 채 여명을 약속하듯이.

▶ 살아 있는 동안에는

노후생활을 하면서 우리는 생활 자체만으로도 벅찰지도 모른다. 경제적인 측면이나 건강상의 문제 등으로 말이다. 하지만 인생을 살아가는 목표와 이상이 있는 한 이를 지탱하는 목적의식과 실천력은 우리를 의미 있는 길로 안내할 것이다. 또한 그에 따른 성취감을 느낄 것이며, 새로운 목표를 향해 창조성을 발휘할 수도 있게 될 것이다.

인생의 의미를 발견하려면 우리 노후 생에서 자신만을 위하기보다는 '그래도 살아 있는 동안'에는 한 걸음 더 나아가서 나의 손을 필요로 하는 곳으로 찾아 나서는 건 어떨까. 우리는 그 전의 삶보다도 더욱 보람 있고 살아 있는 존재 이유와 가치를 스스로 찾게 될 것임을 믿는다.

▶ 남은 설득하되 나를 사랑하라

이제는 나이 듦에 따라 자식들과 더불어 주변 사람들과의 관계를 새롭게 맺을 수밖에 없다. 나이든 자로서 그들에게 강요가 아니라 설득해야 하는 시기가 되었음을 의미한다. 경우에 따라서는 가능한 한 짧고 굵게 말이다. 그렇게 함으로써 우리는 젊은 세대를 포함하여 주변 사람들로부터 신뢰와 존중을 받을 수 있기 때문이다.

우리는 노후 생활에 자기애(自己愛)가 매우 중요하다고 믿는다. 이게 없다면 작은 실수나 오류로 인해 노후에 어렵게 나온 싹과 잎을 내 손으로 자르는 오류를 범해서는 안 되기 때문이다. 이제는 나를 아끼며 새로 돋아난 그것들을 보호하고 유지할 에너지를 계속 충전해야 하기 때문인지도 모른다. 결국 나를 사랑하기 위해서는 남을 사랑하고 배려해야 하지 않을까. 그렇게 함으로써 우리는 자존감을 느낄 수 있으며, 자신에 대한 사랑을 확인할 수 있기 때문이다.

▶ 지금을 기억하라

우리는 노후 생활의 행복을 기약하기 위해 소중한 심적 자산을 항상 관리해야 한다. 노후 설계 방안이라는 표면화된 계획을 활기차고 지속성 있게 펼치기 위해서는 자신의 마음을 들여다보고 점검하며 검토가 필요한 이유이기도 하다. 앞에서 나는 노후 설계안에 대한 면밀한 검토를 통해 '10년간의 실천계획표'를 작성하여 지니도록 권유했다. 이것은 종이 쪽지에 불과할지도 모른다. 하지만, 내 경험상 그 효과는 매우 크며, 결정적인 열매로서 우리를 환희의 장으로 인도하리라 확신한다.

지금을 기억하라. 그리고 10년 후를 기약하라. 자신에게 믿음을 심어주고 정겹게 다가가자. 나의 분신과 틈나는 대로 달콤한 꿈과 희망을 노래하자. 자신의 믿음과 자신에 대한 꾸준한 탐구가 노후의 행복을 약속할 것이며, 그러한 희망이 노후를 평화의 길로 안내할 것이다.

제 4 부

나
이

듦

"희망은 사람을 성공으로 인도하는 신앙이다.

희망이 없으면 아무 일도 성취할 수 없다."

- 헬렌 켈러

"마치 내일 죽을 것처럼 살되,

영원히 살아갈 것처럼 배우라."

- 마하트마 간디

나이 듦도 배워야 한다

이제는 나이 듦도 배워야 한다. 평생 배워왔고 살아오는 데에 전혀 문제가 없는데도 배울 게 뭐가 또 있냐고 묻는 이도 있을 것이다. 과연 나이 듦도 배워야 하는가? 나이 듦에 의미를 부여하고 노인으로서의 역할을 할 수 있는 마음가짐을 가지고 살아가자는 의미이다. 거기에 심적 부담과 거부감이 있을 수 있다. 심신이 쇠약해지는 노년기에 무슨 공자 같은 말씀이냐고 반론할지 모른다.

나는 이 반론에 '그렇지 않다'라고 답한다. 선택은 개인적으로 자유다. 과거 부모들의 역할이 현재의 우리를 만들었고 스스로 다듬게 했듯이, 우리도 기본적인 교훈을 다음 세대에게 전수할 의무가 있다. 그런 맥락에서 우리는 자격을 갖추었으므로 그들에게 아낌없이 돌려주어야 한다. 모든 것을 사회제도나 풍습, 불문율이 해결할 수는 없기 때문이기도 하다.

우리는 외국의 영화를 볼 때 호텔 로비나 길목에서 원숙한 노인을 보면서 은근한 노인의 향기에 감동하기도 한다. 차림새는 남루할지라도 입가에 미소를 띤 채 어린아이나 젊은 세대를 향해 내뿜는 노인의 향기 말이다. 거기에는 큰 목소리도 없으며 과시적인 행동도 뒤따르지 않는다. 그리고는 말없이 사라지는 한 장면이다. 노인이 사회에 베푸는 배려이자 우리에게는 배움의 미덕으로 와 닿는다.

이제 우리는 노인이 해야 할 역할이 무엇인가를 자문할 때이다. 가족, 주변과 사회에 대한 '그 무엇'을 말이다. 그러한 것은 강요할 일은 아니다. 우리는 여태 살아오면서 느끼고 경험하고 체험하며 지혜, 통찰력, 창조성을 다듬어 왔다. 이제는 주변에 대하여 배려할 때가 되었음을 의미한다. 이 세상은 일순간에 바뀌지 않는다. 그렇다고 엄격한 규율과 복지 제도와 도덕 윤리만으로 세상의 미래를 기대할 수도 없다.

이러한 측면에서 나이 듦이 인생살이에서 가치 있는 삶이었다는 점을 사회에 접목함으로써 성숙한 미래 사회를 구현하기 위한 원동력이 될 수 있다. 이러한 역할은 노인 세대가 아니면 할 수 없는 일이다. 나머지 세대들은 전쟁 같은 생존 경쟁으로 허우적대느라 마음의 여유가 없기 때문이다.

인간만이 날개 없이 날 수 있다. 이러한 화두는 청소년기의 전유물이라고 생각할지도 모른다. 의기가 충천하고 에너지가 넘치며 언제라도 비상할 수 있는 가능성이 많다고 믿기 때문이다. 과연 그럴까? 젊음 자체가 무한한 가능성을 지닌 것은 부인할 수 없으며, 희망찬 미래를 위해 노력하고 투자하기를 권유하는 것은 당연하다. 진정 사심 없이 인간이 날 수 있는 시기는 언제일까. 나는 당연히 노년기를 맞는 우리 세대라고 자신 있게 말하고 싶다. 우리는 자유의사대로 살 수 있고 행동할 수 있다. 그야말로 우리는 날개 없이도 날 수 있는 시기가 되었기 때문이다.

그것은 생각과 경험이 담긴 믿음의 나래이자 행복을 추구하는 인간의 속성인지도 모른다. 우리는 막연한 이상이 아니라 현실에 직접 반영할 수 있는 새로운 날개가 있다고 믿기 때문이다. 우리는 그러한 날개를 펼칠 때 신중해야 한다. 우리의 날개에 품을 미덕을 위해서는 관용과 평정심으로 베풀어야 한다. 우리는 적어도 불의와 부도덕성은 단호하게 배척하는 용기도 가져야 한다. 그렇지 않으면 우리가 의미 있는 노후생활을 꾸려왔다고 할지라도 한순간에 물거품이 될 수도 있기 때문이다.

나이 들면서 배워야 할 게 또 있다. 내 주변의 인간관계를 들 수 있다. 가족만으로는 사회에서 살 수 없다. 노후에는 더욱 그렇다. 올해 95세인 내 부친은 중년 이후부터 건강관리를 잘하셔서 건강하신 편이다. 그런데도 외로움과 무료함 때문에 힘들어 하셨다. 요양병원에서 고향으로 여러 번 탈출하신 사례가 이를 반증한다. 형제들과 친구들은 해가 거듭될수록 저세상으로 가고 홀로 남아 있다는 사실이 그렇게 만든 것이었다. 이제는 병원 생활에 적응하셨지만 내게는 숙제로 남아 있는 부분이다.

다음은 친구 관계이다. 나이가 들어가면서 죽기도 하지만, 갈등 때문에 친구가 점점 줄어든다. 경우에 따라서는 불안을 느끼기도 한다. 친구 관계도 다시 생각해야 한다.

정호승 시인은 저서 『외로워도 외롭지 않다』에서 다음과 같이 친구 관계를 설정하고 있다.

"진정한 친구란 결국 서로 사랑하는 사이가 되지 않으면 안 된다. 친구 간의 우정도 연인 간의 사랑과 마찬가지다. 주지 않으면 받지 못하고 받지 못해도 주어야 한다. 무엇보다도 내가 먼저 좋은 친구가 되어야 좋은 친구를 얻을 수 있다.

우정은 천천히 자란다. 연애가 한순간의 격정에 뜨거워진다면 우정은 모닥불 속에 굽는 고구마처럼 천천히 뜨거워진다. 사랑이 한여름에 느닷없이 퍼붓는 장대비라면 우정은 봄날에 내리는 보슬비나 가을에 내리는 가랑비다.

생텍쥐페리는 『어린 왕자』에서 여우의 입을 통해 "친구를 갖고 싶으면 나를 길들여보라"고 말한다. 어린 왕자가 여우에게 "어떻게 하면 되느냐"고 묻자, 여우는 "인내심이 있어야 한다."고 말한다. 돌이켜 보면 우정에도 가장 필요한 것이 인내다."

정호승 시인은 '친구 관계에서의 인내'를 강조한다. 나는 공감하지만 이렇게 생각한다. 모든 인간관계가 그렇듯이 일방적이어서는 안 된다고. 더구나 나이 들어가면서 친구에 대한 배려는 필요한 덕목이라고 말이다.

우리는 나이 듦을 배우는 과정에서 노인 개인 차원이 아니라 시대를 살아가는 마지막 산증인 역할을 해야 할 도의적 의무가 있기도 하다. 나이 듦도 배워야 하는 우리는 자신과 세대를 아우르는 관점에서 신중한 선택을 해야 한다. 우리는 수많은 사람의 노후와 말로를 들었고 보았다. 결국 그 배움의 과정은 각자의 몫이자 선택이다.

나이 들수록 얻는 것들

최근 들어 노인 문제, 고용 문제, 부동산 문제, 비혼 추세, 육아 문제 등의 사회문제가 우리를 부담스러운 현실로 몰아가고 있다. 나의 문제이자, 가족 간의 문제이며, 우리 모두의 현안이기도 하다. 이러한 문제에 자유로운 사람은 없을 것이다. 가족 아니면 공동체의 핵심 이슈이기 때문이다. 몇 년 뒤면 우리나라도 초고령화 사회로 진입하게 된다. 국가 차원에서도 해결하기 쉽지 않은 게 현실이라는 점은 부언하지 않겠다.

이러한 측면에서 대중 매체에서 소개하는 현실은 참으로 안타깝다. 쪽방촌의 소외된 노인들, 버림받은 노년의 현장 등이 대표적이다. 노후 준비에 대한 계도 차원으로 국가가 노력하는 만큼, 개인적으로도 대책을 강구해야 한다는 점에는 이의가 없다. 이는 각자의 노후 준비를 통해 부정적인 면을 극복하도록 유도하는 의도인지도 모르겠다. 다른 면에서는 우리를 더욱 막다른 골목으로 치닫게 하는 것은 아닐까 싶다. 노년기의 긍정적인 면은 버려둔 채 부정적인 면을 대상으로 하기 때문이다.

나이 들수록 얻는 것들에 대한 긍정적인 면을 바라보자. 노년기의 장점을 재조명하자는 것이다. 개인의 상황은 천태만상일지라도 모든 사람이 노년기에 부정적인 면만을 지닌 채 살아가지는 않는다. 나이 듦은 어두운 뒷골목의 어깨가 처진 뒷모습만은 아니다. 국가 차원의 제도 개선이나 지원 사업은 불우한 노인에게 중요하고 생명수가 될 수 있다. 하지만 제도나 지원만으로는 노후 문제를 해결할 수 없다는 것은 모두 공감할 것이다.

우리 사회에서 '노년 문화'의 화두가 필요한 두 가지 이유가 있다. 한 가지는 노인에 대한 사회의 긍정적 수용 문제이다. 누구나 노인이 되는 운명을 거스를 수는 없다. 이제는 먼 나라의 친구들과 SNS로 대화할 수 있고, 원하는 물건을 해외에서 직구할 수 있다. 게다가 인공지능(AI)과 사물인터넷(IoT) 등은 우리를 얼마나 더 편리하게 하는지 모른다.

그러한 토대는 이전 세대인 노인들의 땀과 노력의 결실이다. 인간이 살아가는 세상에서 도의적인 덕목을 강조하는 것이다. 노인을 존중하고 존재성을 인정하고 배려하는 문화가 필요한 이유이다. 모두가 노년이 될 것이며 이것은 끊임없이 이어지는 순리이기도 하다.

나는 긍정적이고 미래 지향적인 노년기의 삶을 발굴하고 계도를 통해 의식을 높이는 것이 절실하다고 강조한다. 노인 복지를 위한 제도 개선이나 사회적·물질적인 지원도 필요하다. 그런데 젊은 세대 못지않게 열정적으로 노후를 영위하는 이들도 많다.

또 한 가지는 노인 자신의 마음 자세이다. 우리는 살아오면서 수많은 경험과 체험으로 삶의 지혜를 터득했다. 자녀들을 낳고 키우면서 또 다른 세계를 경험하기도 했다. 그 과정에서 자신의 부모 입장과 경험과 사례를 인생의 교훈이나 지침으로 삼는 경우가 적지 않았다.

부모 세대의 장점이 타당하고 합리적인 지침이 되었기에 우리는 생활의 지침으로 삼았고 중대한 결정에는 그들의 의견을 반영했다. 노인의 경험과 지혜와 통찰력을 무료로 활용했다. 우리는 긴박 상황일 때에 그들의 인내력과 절제력을 소화해서 현명하게 대처했다. 그러고 나서 '역시 경험에 의한 연륜은 어쩔 수 없어'라며 수긍했다. 젊은 세대들은 이를 부정할 수 없었다. 문명의 이기나 스마트 시스템이 해결할 수 없는 사안이기 때문이다. 여기에서 우리 노년 세대의 장점이 여실히 증명되는 것이다. 나이 들수록 얻는 것들, 바로 지혜 때문이다. 이런 사례를 통해 우리는 노인의 자존감을 회복할 수 있다. 우리가 의미 없이 살아오지 않았음을 넌지시 알려주는 순간이다.

그러니 우리는 '나이 들수록 얻는 것'이 많음에 자부심을 가져도 좋다. 이러한 자부심을 자존감으로 내공을 유지하는 것이 중요하다. 우리는 그것들을 보유하고 지속적으로 다져 나아갈 것이기에 나이 듦의 노련함으로 무장할 수 있다고 믿는다. 그렇게 해야 젊은 세대들은 우리의 심적 자산을 통해 겸손까지 배울 것이다. 직접 겪어보지 않고서는 삶의 넓이와 깊이를 모를 테니까.

우리가 나이 들수록 얻는 것들이 많음에도 유의해야 할 부분이 있다. 바로 젊은 세대와의 관계이다. 노인의 심적 자산을 빙자하여 젊은 세대에게 가르치려고 하거나 권위를 내세우는 처사는 바람직하지 않다. 시대가 바뀌었고 그들을 독립적인 인격체로 대해 주어야 한다. 그렇지 않으면 그들은 우리를 떠나고 대화가 단절된 채 외로운 노인 세계에서만 살아야 할지도 모른다.

하버드대 교수인 심리학자 엘렌 랭어는 저서 『늙는다는 착각』에서 고령의 노인 대상으로 실험한 결과를 소개했다. 외딴 시골의 수도원에서 75~89세 노인들에게 20년 전의 주변 환경을 조성한 후, 각자 그 당시의 생활을 하도록 유도했다. 일주일이 지나기도 전에 노인들의 행동은 물론 태도까지 변했다. 가족에게 의존하던 노인들이 수도원 도착 직후부터 모두 독립적으로 행동했으며, 일주일 후에는 기억과 청력 및 근력이 좋아지고 걸음걸이와 자세도 호전되었다.
엘렌 랭어는 실험 결과를 통하여 노인의 심리적 변화가 건강 상태에 막대한 영향을 미친다는 사실을 입증한 것이다. 그는 우리의 발목을 잡는 건 신체가 아니라 '신체적인 한계를 믿는 사고방식'이며,

노인에 대한 편견을 거두고 과보호를 멈추면서 삶에 대한 통제력을 갖도록 하면 덜 늙는다고 강조했다. 또한 노화를 긍정적으로 바라보던 노인들이 부정적인 노인들보다 평균 7년 반을 더 산다는 연구 결과도 제시하였다. 그는 "노화는 변화를 의미하지만 변화가 퇴화를 의미하진 않는다."라면서 노인 스스로 자신을 '나이의 감옥'에 가둔 채 노인 행세를 자처할 필요가 없음을 강조했다.

그의 연구 결과와 더불어 실증적 견해는 우리에게 시사하는 바가 크다. 우리는 노인을 어떻게 바라보며, 노인이 된(또는 곧 노인이 될) 우리는 어떠한가. '늙는다는 착각'은 고사하고 아예 '구제 불능한 늙은이'를 자처하고 있지는 않은가. 결국 노후는 홀로서기로 살아가야 하지만 사회의 일원으로서 부대끼며 살아야 하는 것이다. 예측할 수 없는 사회에서 인간다운 면모를 보이면서 노인으로서의 자존감을 지키려면 우리가 생각하고 처신해야 할 생활방식은 정해진 듯하다. '사고의 전환'이 필요한 시점이다. 청결을 유지하고 옷차림에도 신경 쓰면서 젊은이에게 더 다가가자. 그들이 다가오지 않음을 한탄할 게 아니라 먼저 친절과 관용을 베풀자. 그래야 자연스러운 관계가 형성될 게 아닌가. 더불어 우리도 젊어질 수 있고 건강할 수 있을 것이다.

『할아버지의 기도』의 저자 레이첼 나오미 레멘은 '인생은 축복 그 자체'라며 다음과 같이 이야기한다.

"삶에 대해 단정이나 판단을 내리지 않고 삶 자체를 껴안을 용기를 지닌 사람들은 문득 삶에 대한 지혜를 발견하게 될 것이다. 우리에게는 단순히 삶을 있는 그대로 받아들이는 지혜가 필요하다.

때로 삶은 우리에게 고통을 요구할지도 모른다. 그러나 삶의 어떤 과정을 지날지라도 뒤돌아보면 그 과정을 통해 우리가 성숙해졌음을 알게 된다. 모든 사람들 안에는 성숙을 위한 씨앗이 뿌려져 있다. 우리가 할 일은 그 씨앗이 잘 자라도록 물을 주고 가꾸는 것이다."

"죽음의 문턱까지 갔다가 되돌아온 사람들은 우리 모두가 지혜를 향해 나아가며 더 잘 사랑하는 법을 배우는 중이라고 말한다. 우리들 각자가 부여받은 고유함으로 영적 성장을 이룰 때 우리는 세상의 빛이 되고 우리 주변의 사람들에게 축복의 존재가 된다."

겨울 숲속을 거닐어 보라. 울창한 숲을 이루는 수목들은 가시 잎을 지닌 침엽수로 가득하다. 주변에는 수많은 활엽수가 옷을 벗은 채 힘없이 서 있다. 그 순간 한겨울에 대항하는 침엽수의 기개를 찬양할지도 모른다. 하지만 나는 나목(裸木) 자체의 모습을 보여주는 활엽수의 아름다움과 인내를 사랑하고 싶다. 사계절의 풍우 속에서도 끊임없는 광합성으로 우리에게 녹음과 꽃을 제공했으며 열매와 단풍까지 안겨주고는 다시 자연으로 돌아간 장본인이다.

그들은 숱한 세파를 견디고 나이테를 축적하며 단단한 경목(硬木)을 우리에게 선사한다. 침엽수는 곧기는 하나 구조목에도 쓸 수 없는 연목(軟木)이 되고 만다. 나이 듦을 외모로만 판단해서는 안 되듯이 우리는 자연 생태계에서도 삶의 진리를 배울 수 있다. 자연 생태계의 자립성과 순환성을 눈여겨 살펴보자. 자세히 들여다보면 거기에 신비로운 답이 있을 수 있다. 손자들이나 젊은이들과 동행하면 금상첨화이다.

이제 죽음도 준비할 때

누구도 자신의 죽음을 예측할 수 없다. 질병이나 돌연사가 아니라면 젊은이보다 노인이 죽음에 훨씬 가까이 있다는 점은 자명하다. 죽음을 단지 자신의 족적을 흔적 없이 묻고 생명이 단절되는 의미로만 받아들여야 하는가. 아니면 또 다른 의미가 우리에게 주어지는가. 우리는 모두 의미 있는 죽음을 맞이하기를 바랄 것이다.

K는 매우 이례적인 임종을 맞이했다. K는 아내의 작은할아버지다. 그는 성격이 온유했고 매우 근면 성실했다. 중학교 교장으로 근무하다 자진 퇴직하고 화물회사를 세웠다. 직원과 운전기사를 항상 배려하고 가족처럼 대했다. 회사의 모든 운영과 관리를 30년 동안 철저하게 했으며, 컴퓨터 작업으로 회계 정리까지 했다.

어느 날 늦은 저녁, K의 장남 부부는 퇴근 후 여느 날처럼 부친 집에 들렀다. K는 며느리가 차린 저녁을 함께 들고 덕담을 나누다가 잠자리에 들었다. 다음 날 아침, K는 잠든 채 95년 삶을 마감했다. K는 며칠 전에 온가족을 불러놓고 덕담을 나누고 유산 정리까지 마쳤다.

다음은 C씨의 사례이다. 페이스북에서는 다양한 사람을 만나게 된다. 무한한 시공간에 올라오는 글, 사진, 영상은 대부분 공감력을 자극한다. 위트와 더불어 동질감을 느끼게 한다.

3년 전 어느 날 아침 페이스북을 보니 C가 올린 올케의 영정이 올라왔다. 처음 보는 장례식 사진이었다. 생을 마감한 그녀가 면사포를 쓰고 웨딩드레스를 입은 채 웃음을 짓고 달려오는 사진이었다. 나는 문화적 충격을 느꼈다. 애도를 해도 모자랄 판에 웨딩 사진을 영정으로 대체할 수 있는가. C가 적은 멘트는 내게 또 다른 인식을 하게 만들었다. "가족의 죽음은 우리 생과의 단절이 아닌 우리 마음속에 '영원한 존재'로 인식한다." 죽음에 대한 새로운 깨달음이었다.

우리는 죽음도 준비할 때이다. 사고사나 돌연사가 아니라면 우리에게 시사하는 바가 매우 크다. 결국 죽음은 인생에서 가장 근엄하면서도 의미 있는 마지막 순간임에 틀림이 없다. 우리는 죽음 때문에 종교와 철학이 만들어졌음에 동의하기도 한다. 그렇기에 우리는 겸손과 절제를 터득하고 살아가면서 생의 의미를 찾아야 하는 운명인지도 모른다.

우리는 죽음을 어떻게 준비해야 하는가. 물론 치밀하게 준비했다고 바라는 대로 죽음을 맞이할 수는 없다. 단지 우리가 할 수 있는 범주에서 대비하면 될 것으로 믿는다. 수의, 묘소, 유산 정리 등의 외형적인 면 또한 도외시할 수 없다. 하지만 죽음을 앞두고 가장 중요한 것은 무엇일까를 신중하게 생각해 볼 필요가 있다.

예일 대학교 의대 교수였던 셔윈 B. 눌랜드 박사는 저서 『사람은 어떻게 죽음을 맞이하는가』에서 죽음을 대하는 자세를 다음과 같이 이야기했다.

"자연은 자신이 갈 길을 묵묵히 갈 뿐이다. 자연은 스스로가 만들어낸 우리 개체가 적응할 수 있는 방법으로 일을 진행시킨다. (중략) 모든 생물의 세계는 각 세대가 다음 세대에 의해 교체되는 질서로 형성되어 있다. 자연의 도도한 순환과 무자비한 힘에 대항할 때 그 곳에는 패배만이 남을 뿐이다."

생명 연장이나 죽음에 대한 두려움을 탈피하여 자신에게 주어진 인생을 후회 없이 즐기다 아름다운 추억을 간직한 채 떠나는 것이 자신의 생에 값진 일임을 강조하는 것이다.

우리는 위인, 저명인사, 가족, 친지의 죽음을 경험했다. 인간은 죽음을 통하여 인생을 정리하는 운명이며, 죽고 나서야 자신의 생을 평가받는다는 것을 부인할 수 없다. 그러니 우리는 죽음에 대한 준비가 생각 외로 단순할 수 있음에 수긍할 수밖에 없다. 죽음은 우리가 평생 살아온 생에 대한 핵심 단어로 축약될 수 있지 않을까.

우리 각자의 생에서 가장 중시했고 다듬어 왔던 것을 정리하는 작업으로 생각하는 것은 어떨까. 예를 들면 가족 사랑, 정직성, 봉사 정신, 삶에 대한 열정, 마무리 못한 이타적인 계획 말이다. 이것이 죽음 전에 준비해야 할 정신적 유산이 아닐까. 물질적 유산은 불화의 불씨가 되는 것을 식상할 만큼 경험해 온 터이다. 요즘에는 전 재산을 사회에 기부하는 노인들이 늘어가는 추세이기도 하다. 그러한 정신적 결단은 가치 있는 정신적 유산임에는 틀림없을 것이며 칭송해야 할 이유이기도 하다.

누구나 K처럼 가족 옆에서 평온하게 영면하기를 원할 것이다. 하지만 우리는 이것마저도 내려놓아야 할 것이다. 우리는 전통문화와 결별한 지 꽤 지났다. 전통적인 사회 문화와 생활 패턴은 저 멀리 사라져 가는 추세이다. 노인 임상전문가인 하이더 와라이치가 주장했듯이 우리는 마지막 노후를 사면이 하얀 벽으로 둘러싸인 공간에서 어쩔 수 없이 지낼 가능성이 높다. 애석하게도 임종 또한 그럴 것이다.

우리는 그동안 흐르는 강물처럼 이 세상을 향유했고 나름 기여했음도 보람으로 느껴야 할 것이다. 우리는 대중 앞에 나서서 영향력을 행사하지 않고 살아온 경우가 많다. 우리는 살아오면서 열정과 정직성을 담보로 평범한 삶의 가치를 누렸고, 결국 평범한 삶의 위대함을 유산으로 남기는 것을 의미 있다고 믿고 살아왔다. 이제는 부담 없이 죽음을 준비해야 할 이유와 명분을 찾았다. 그러니 자신의 삶에 자긍심을 가질 자격이 있으며, 죽음도 준비해야 할 시점이다.

고레에다 히로카즈가 제작한 다큐멘터리 영화 《엔딩 노트》가 떠오른다. 주인공 스나마 도모아키는 40여 년 동안 직장생활을 하다가 정년퇴임을 앞두고 위암 말기 판정을 받는다. 그는 충격적이고 암울한 상황에서도 침착하게 현실을 수용하고 죽음을 준비하며 엔딩 노트를 쓰기 시작했다. 그의 마지막 여정을 다큐멘터리 감독인 막내딸 스나다 마미가 카메라에 담았다. 스나마 도모아키는 슬픔을 접은 채 자신의 생에서 행복한 기억만을 남기는 심정으로 엔딩 노트를 완성했다. 그리고 엔딩 노트를 통해 자신이 작성한 숙제를 하나씩 실천했다. '평생 믿지 않았던 신을 한번 믿어보기', '손녀들 머슴놀이 실컷 해주기', '장례식 초청자 명단 작성하기', '쑥스럽지만 아내에게 처음으로 사랑한다 말하기' 등이다.

《엔딩 노트》는 세계적인 흥행을 비롯하여 일본에도 열풍을 일으켰으며, 책자로 발간되어 스테디셀러로 자리 잡았다. 미야자키현 미야자키시는 2014년 3월, 관할 시민들에게 엔딩노트의 일환으로 '내 마음을 전하는 노트'를 보급하기도 했다.

지금이라도 '엔딩 노트'를 써두는 것은 어떨까. 형식은 중요하지 않다. 그러면 생에 대한 감회를 느낌과 동시에 죽음을 접할 가족에는 사랑과 배려가 될 것으로 믿는다.

죽음에 대한 의학적 사례와 통계, 사회적·심리적 분야 등을 통찰해온 하이더 와라이치는 저서의 마지막 장인 '죽음은 침묵에서 힘을 얻는다'에서 죽음에 대한 개인적·사회적인 입장을 총체적으로 예리하게 이야기했다.

"죽음이 대화의 주제로 떠오를 때 모두가 침묵을 지키면 죽음은 더욱 막강해진다. 지금까지 우리가 잃어버린 수많은 죽음의 면면을 되살려야 우리에게 도움이 된다. 죽음은 훨씬 우리 가까이 있어야 한다. 그리고 우리가 세상을 떠나기 전에 장애를 덜 겪고 외로움도 덜 느끼는 환경이 마련되어야 한다.

그러나 죽음에서 없애버려야 하는 측면이 하나 있다. 바로 소통의 부재이다. 우리가 겪는 죽음이 진정으로 이 시대에 걸맞은 죽음이 되려면 죽음이라는 주제를 두고 교실에서, 술집에서, 식당에서, 뒷마당에서, 그리고 두말할 나위 없이 병원에서도 진지하고 차분하게 서로 대화를 나누는 분위기가 마련되어야 한다."

그의 통찰력과 진정 어린 견해에 공감하며 경의를 표한다. 노년기가 부정적인 시각으로 인식되어서는 안 되듯, 죽음의 문제도 공론화와 공감대 형성을 통해 의미 부여를 해야 할 과제이다. 죽음은 우리 모두가 겪는 생의 과정이며 사회적으로도 새로운 시각으로 바라보아야 할 시점이다.

국격도 우리의 몫

우리는 사람들을 만날 때나 대화할 때에 그 사람의 품격이나 품위를 운운하곤 한다. 살아오면서 품위 있다는 말을 들었다면 그 사람은 성공적인 삶을 살아왔다고 얘기하고 싶다. 품위라는 말은 일상에서 아무에게나 건네는 말이 아니다. 더욱이 품격 있는 나라라는 칭호를 받게 되면 더할 나위 없는 영광이다.

우리나라는 수많은 외부 침략을 받았고 격동기로 점철된 역사를 지녔다. 근현대사를 보면 과거 못지않은 얼룩진 역사이기도 하다. 그런데도 우리 민족의 능력과 예술성, 애국심은 외국에서도 찾아볼 수 없는 장점을 많이 지녔다고 나는 자부한다. 우리나라는 빈곤 국가에서 벗어나 짧은 기간에 경제 부국으로 급성장했다.

이와 더불어 K-Pop과 스포츠계의 활약성을 비롯한 한류 열풍도 우리나라의 국격에 기여한 바가 매우 크다. 지금이 국가 차원에서 매우 중요한 시기라고 생각한다. 국격을 강조하고 싶다. 지금은 재능과 능력과 성실로 무장한 일부가 국가를 대표한 모델로서 우리의 몫을 대신해 주고 있다. 우리는 그들에게 찬사와 격려를 아끼지 않아야 할 것이다. 하지만, 그것만으로는 국민으로서 소임을 다했다고는 말할 수 없을 것이다. 예능계나 스포츠계 등의 개인적인 역량으로만 치부해서도 안 된다.

이제는 국민 모두가 선진화된 우리 민족의 면모와 저력을 그들과 더불어 전 세계에 보여줄 시기이다. 나는 이것을 진정한 선진국으로

가는 길이라고 믿는다. 그러려면 노인들의 역할이 매우 중요하다고 생각한다.

한편으론 OECD 회원국 가운데 우리나라의 노인 자살률이 가장 높은 국가라는 현실이 안타깝다. 전통 문화를 계승하고 예절을 중시했던 우리였는데, 이러한 현실을 받아들이기 매우 부담스러운 것은 사실이다. 상대적 빈곤이나 핵가족화에 따른 생활의 변화, 사회적 제도의 한계성 등이 그 주요 요인일 수 있다.

노인의 심리·정서적 위험 요인과 삶의 질을 분석한 이명희는 논문에서 '우울'이 가장 중요한 요인임을 확인했다. 또한 노인의 삶의 질 향상을 위해 우울에 대비한 상담 서비스의 확대를 비롯하여 자살이나 죽음, 불안을 경감시키기 위한 죽음준비교육의 일반화와 자원봉사 활동의 참여 기회 확대를 정책적 제안으로 제시하였다.

우리 마음 저변에 깔린 '의식의 변화'가 이러한 사태를 조장해 오지 않았을까. 노인에 대한 편협한 사고방식과 노인 인식문화의 문제이다. 경제적인 지원도 노인의 생계유지를 위해 매우 중요하다. 하지만 각 가정을 비롯하여 국가 차원에서도 핵가족화로 인한 세대 위주의 의식변화와 국가 경쟁력 향상에만 몰입해 온 결과가 아닌가 생각된다. 이제는 국가 차원에서도 국격을 고려해야 할 시점이다.

이와 더불어 노인 세대는 삶의 지혜와 심적 자산을 가족과 주변에 전승해야 한다. 노인들이 걸어 온 침묵의 강은 탄탄한 기반이 조성됨으로써 끊임없이 우리 생을 받쳐주었다. 이제 그 강물이 제대로 흐르도록 지켜보며 방향 제시를 해야 할 우리의 과제이기 때문이다. 국가는 미래지향적인 노인 문화를 계승하고 창출시킴으로써 함께 맞이할 내일의 초석을 다져야만 할 것이다. 국격은 우리가 미래를 위해 정진해야 할 기본적 품격이기 때문이다.

어느 방송 프로그램 진행자가 정우성 배우에게 물었다.
"국내에도 힘들고 어려운 빈곤층이 많은데, 당신은 외국에만 주로 지원하는 이유가 무엇입니까?"
"그게 국격이죠."
기본적인 자기관리와 차분한 대화에서도 우리는 품위 있는 모습을 찾아 볼 수 있다. 국격은 멀리 있는 것이 아니고 생활 주변에 흘러 들어가는 샛강 같은 것일지도 모른다. 나이 든 우리가 젊은 세대보다는 마음의 여유가 있으니, 그 샛강에 우리의 역할이 더욱 필요하다고 본다.

청소하는 아주머니나 경비원에게 인사부터 건네 보자. 그들은 웃는 낯으로 응대할 것이며 그들 또한 자존감을 느낄 것이다. 그러한 결과는 국격으로까지 승화시킬 수 있음을 다시금 생각해 본다. 국격은 거창하지도 않으며 어려운 일이라고 생각하지 않는다. 국격은 나라의 이미지이자 브랜드가 된 시점이기에 더욱 그렇다.

★

요약 정리

▶ 나이 듦도 배워야 한다

나이 듦도 배워야 한다는 것은 나이 듦에 대한 의미를 부여하고 노인으로서 역할을 할 수 있는 마음가짐을 가지고 살아가자는 의미이다.

나이 들면서 배워야 할 게 있다. 친구관계이다. 나이가 들어가면서 갈등의 요인으로 인해 친구가 줄어드는 경우가 많다. 경우에 따라서는 불안을 느끼는 사례도 적지 않다. 친구 관계도 다시 생각해 볼 사안이다. 인간관계가 그렇듯이 일방적이어서는 안 되며, 나이 들어가면서 친구에 대한 배려는 절대 필요한 덕목이다.

우리는 나이 듦을 배우는 과정에서 노인 개인 차원이 아닌 이 시대를 살아가는 마지막 산증인 역할을 해야 할 도의적 의무가 있기도 하다. 나이 듦도 배워야 하는 우리는 자신과 모든 세대를 아우르는 관점에서 신중한 선택을 해야 함을 강조하고 싶다. 우리는 지금까지 수많은 사람들의 노후와 말로를 지켜보았다. 결국 그 배움의 과정은 각자 우리의 몫이자 선택이다.

▶ 나이 들수록 얻는 것들

노년 문화의 화두가 필요한 이유가 두 가지가 있다. 한 가지는 노인에 대한 사회의 긍정적 수용 문제이다. 우리가 누리는 온라인을 포함한 최첨단 시스템의 혜택은 이전 세대인 노인들의 열정과 땀과 노력의 결실이다. 인간이 살아가는 세상에서 도의적 기본 덕목을 강조한다. 사회 전반적으로 노인에 대한 존중감과 존재성을 인정하고 배려하는 문화의 조성과 의식의 함양이 절실하다고 강조하고 싶다.

다른 한 가지는 노인 자신의 마음 자세이다. 우리는 인생사의 중대한 결정에서 부모를 비롯한 노인의 경험과 예지력에 따라 대처해 온 게 사실이다. 이는 문명의 이기나 스마트 시스템이 해결할 수 없는 사안으로서 우리 노년 세대의 장점이 여실히 증명되는 것이다. '나이 들수록 얻는 것들', 바로 지혜 때문이다. 이와 같은 사례를 통해 우리는 노인의 자존감을 회복할 수 있다.

우리는 노후에 '나이 들수록 얻는 것'이 많음에 자부심을 가져도 좋다. 이러한 자부심을 자존감으로 유지시키는 역량과 내공이 중요할 것이다. 그러면 젊은 세대들은 우리의 심적 자산을 통해 겸손까지 배울 수 있게 될 것이다. 우리는 젊은 세대를 대할 때는 친절과 관용을 베풀며 다가가야 한다.

▶ 이제 죽음도 준비할 때

인간은 자신의 죽음을 통하여 인생을 정리하게 되는 운명이다. 죽고 나서야 자신의 생에 대한 평가를 남에게서 받게 된다. 우리는 죽음에 대한 준비가 단순할 수 있으며, 이는 평생 살아온 생에 대한 핵심 단어로 축약될 수 있다는 것이다.

각자의 생에서 가장 중시했고 다듬어 왔던 것을 정리하는 작업으로 생각해 볼 수 있다. 가족사랑, 정직성, 봉사정신, 삶에 대한 열정, 마무리 못한 이타적인 계획이다. 이것이 바로 죽음 전에 준비해야 할 '정신적 유산'이 아닐까.

우리는 열정과 정직성을 담보로 '평범한 삶의 가치'를 누렸고 '평범한 삶의 위대함'을 후손에게 유산으로 남기는 것을 의미 있다고 믿고 살아왔다. 우리는 자신의 삶에 자긍심을 가질 자격이 있으며, 이제 죽음도 준비해야 할 시점이다. 지금이라도 자신과 가족을 위해 '엔딩 노트'를 써두는 것은 어떨까. 그렇게 하면 우리는 생에 대한 진정한 감회를 느낌과 동시에, 예기치 못한 죽음을 접할 가족에 대한 진솔한 사랑과 배려가 될 것으로 믿는다.

죽음은 개인적 차원을 떠나 사회적으로도 새로운 시각으로 바라보아야 할 시점이다. 죽음은 모두가 겪어야 할 인생의 종착역인 만큼 사회적 공론화와 공감대 형성을 통해 의미 부여를 해야 할 과제이기 때문이다.

▶ 국격도 우리의 몫

노인세대는 축적된 삶의 지혜와 심적 자산을 가족과 주변에 전승해야 할 의무가 있다고 생각한다. 국가는 미래지향적인 노인 문화를 계승하고 창출시킴으로써 내일의 초석을 다져야 할 것으로 믿는다. 국격은 우리의 미래를 위해 정진해야 할 기본적 품격이기 때문이다.

기본적인 자기관리와 차분한 대화에서도 품위 있는 모습을 찾아볼 수 있다. 국격은 생활 주변에 흘러 들어가는 샛강이다. 나이 든 우리가 젊은 세대보다 마음의 여유를 더 가지고 있으니 그 샛강에 우리의 역할이 더욱 필요하기 때문이기도 하다. 국격은 나라의 이미지이자 브랜드가 된 시점이기에 더욱 그렇다.

글을 마치며

나의 마지막 날은

눈이 내리던 2021년 2월 중순. 출근하여 커피잔을 들고 2층 옥상 정원에 갔다. 소복이 쌓인 눈밭에 발자국을 남겨 보았다. 이 순간의 나의 족적이다. 세상에 태어나서 죽음에 이르기까지 세월의 흔적도 이렇게 되지 않을까. 햇살을 받으며 서서히 족적이 사라지는 것처럼.

우리의 생은 대체로 출생, 성장, 교육, 번민, 사랑, 결혼, 사회생활, 퇴직, 노화에 이르는 과정이다. 이제는 삶의 마지막 고갯마루에 서 있는 자신을 바라보는 시간이 된 셈이다. 우리는 이미 정해진 운명의 실타래를 엮어 왔는지도 모른다. 그 실타래가 끊어지지 않고 명품 옷감이 되었든 쓸모없는 실오리로 전락했든 결국 우리 몫이다.

마크 아그로닌의 저서 『노인은 없다』의 마지막 문장은 다음과 같다.

"우리가 진정으로 나이에 맞게 행동할 때, 노년의 힘이 발현되기 시작하며 새로운 삶, 사랑, 오래도록 보존되는 유산을 만들 수 있다. 그렇게 되면 진정으로 우리가 갈망하는 가치 있고 존중받는 사람이 될 것이다. 그것이 나이 듦의 끝이자, 지혜·목적·창조력이 살아 숨쉬는 나이 듦의 시작이다."

이제 인생을 뒤돌아보는 시간이 되었다. 생의 질곡과 갈등의 소용돌이에서 벗어나 자기만의 노후를 꾸려야 하는 외딴 섬이 되었다. 우리의 노후가 힘없고 가치 없는 여생의 무대에서 무료한 채 퇴장하게 해서는 안 된다. 마크 아그로닌이 말했듯이 노후에 걸맞은 사고와 행동으로 새로운 삶을 마련하고 용기 있게 걸어 나가야 한다. 그렇게 함으로써 우리는 삶의 가치와 의미를 다음 세대에게 알려줄 수 있어야 한다.

나는 부모의 생활을 바라보며 나의 노후를 그들과 공유해야 하는 현실을 강조하였다. 이 과정은 암울하고 답답할 수 있지만, 나의 노후를 행복하게 살기 위해서는 자신을 깊이 성찰하고 면밀히 들여다보는 계기가 되었다. 그에 따른 나의 제안과 생각이 젊은 세대를 포함하여 현안으로 고민하는 독자들에게 동질감과 더불어 각자의 노후 대책을 마련하는 데 도움이 되길 바란다. 이것이 이 책을 집필한 목적과 취지이다. 만사가 그러하듯이 천편일률적인 처방과 대책이 존재한다고는 생각하지 않는다. 내가 체험하고 번뇌했던 부모의 노후와 우리의 여생을 현실적으로 재조명하여 제시한 것뿐이다. 우리는 노후의 정답은 없으나 대안은 찾을 수 있지 않을까 생각해 본다.

　단언컨대, 노후의 행복은 그냥 오지 않는다. 과거에 얽매일 필요는 없다. 이제라도 우리만의 노후생활을 위해 열정과 집념으로 무장하여 나아가자는 것이다. 위축되지 않고 자신감을 갖고 떠나자는 것이며, '준비된 만남'을 기약함이다. 지금이라도 자문해 볼 일이다.

　　'나는 생의 목표가 있는가?'
　　'나는 삶의 의미를 느끼는가?'
　　'나는 나의 삶에 감사하는가?'
　　'나는 내가 어떻게 기억되길 원하는가?'

　나는 이 책을 집필하면서 내 인생에서 심연에 묻힌 자신을 진솔하게 만났던 사실을 실토한다. 왜 그렇게 자신에게 무심하고 등한시했던가. 이 책을 쓰면서 나는 고민과 무능함으로부터 탈피하여 독자들에게 설 수 있음에 감사한다.

　나는 내 마지막 날을 이렇게 맞이하고 싶다.
　첫째, 미리 써놓은 유서를 아내와 두 자녀에게 전할 것이다. 그 핵심은 무한한 사랑과 감사함이다. 동고동락해준 데 대한 행운과 축복의 메시지로 가득 채워질 것이다.
　둘째, 세상에 태어나게 해주신 부모님께 감사드린다. 부모는 노환으로 나를 힘들게 하셨으나 삶의 의미를 깨우쳐 주셨다. 내가 지녀온 머리와 두 손, 두 발로 인해 내 생에서 충분히 행복했으니 나 자신에게도 감사하다. 친지와 주변 사람들에게도 도움을 받음에 감사의 마음을 전하고 싶다.

셋째, 부족하나마 삶의 보람과 의미를 느끼게 됨에 나의 자녀들 또한 그렇게 될 것으로 믿는다. 살아가면서 하고 싶은 것을 미루지 말라고 당부하고 싶다.

끝으로, 평생 나의 고민과 번뇌를 냉철한 통찰력으로 승화시켜 준 한결같은 산과 자연에게 감사한다. 그들의 품으로 미련 없이 돌아갈 것이다. 수풀 사이를 스치며 지나가는 바람처럼.

감사의 글

집필 과정에서 관심을 가지고 정신적 지원을 해준 아내와 부모님께 이 책을 바친다. 아내는 시부모님 노환을 겪으면서 묵묵히 뒷수발을 들었고 나에게 지속적인 위로를 해주었음에 감사를 전한다. 나에 대한 정신적 위로와 배려를 아끼지 않은 장인어른과 장모님께도 감사드린다. 대학 재학 중에 사고로 아들을 잃고서도 10여 년 동안 치매를 앓은 시모님을 수발하며 부모님의 건강을 염려해왔던 작은 누님의 생의 극복기에 경의를 표하고 싶다.

요양병원에서 이제 심적 안정을 찾은 부모님을 뵈니 오랜 나의 고뇌와 수고가 보람차다. 부모의 병환을 적극 치료하고 배려해 준 친구인 나주종합병원 고승희 원장을 비롯하여 의사, 간호사, 간병인들의 배려에 감사드린다.

동병상련의 고충을 공감하며 날마다 안부를 전하는 친우 모강현 이사, 저술 과정을 응원하고 노후 생을 함께 고민해왔던 친우 정승호 박사, 이현선 박사에게 고마움을 전한다. 그들의 노후도 행복하길 바란다.

인생은 인연의 필연적 연속인가 보다. 이 책을 쓰는 동안 관심과 지도를 아끼지 않은 오병곤 선생님께 감사의 말씀을 드린다. '내 인생의 첫 책쓰기' 과정에서 격려해준 '파격' 회원인 전현호 삼근님, 최혜경 나마스테님, 권태원 원소망님, 김종태 세컨삶님, 임춘탁 영씨이오님, 배소정 해셋님, 조윤숙 대나무님, 문종환 장하다님, 채희진 찌니님, 김윤교 설탕유령님께도 감사드린다. 그들의 인생에도 희망과 축복이 가득하길 기원한다.

나의 초고를 세상에 선보일 수 있도록 배려하고 열의를 아끼지 않은 씽크스마트 출판사의 김태영 대표님께 감사드린다. 다각도로 검토하고 완성도에 신경을 쓴 신재혁 편집자님, 김준 PD님께도 감사드린다.

나의 기억과 수양의 한계로 일일이 호명할 수 없는 상황이 안타깝다. 이 책을 쓰면서 자신을 돌아보았고, 자신과의 대화와 고뇌를 겪었고, 자신을 알아가는 과정이었다. 또한 나 자신의 부족함과 부덕함을 재확인했으며, 더욱 겸손하고 성찰하는 자세로 살아야겠다고 다짐하는 시간이었다. 실타래 같던 부모의 노환을 체험하면서 이제는 부모와 함께하는 나의 노후를 받아들이게 되었다. 이 책을 쓰면서 인생의 의미를 깨닫게 해주신 부모님께 거듭 감사드린다. 나는 인생 2막을 걸어 나가는 데 재탄생의 힘을 얻었으며, 나의 노후를 탄탄하게 꾸리도록 동기부여를 해주셨기 때문이기도 하다.

　마지막으로, 미흡한 책을 선택해 준 독자 여러분께 깊은 감사를 드린다. 나의 진솔한 뜻이 독자 여러분의 노후 삶을 기획하고 살아가는 데 희망과 도움이 되기를 진심으로 바란다.

참고 문헌

제1부

마크 아그로닌, 『노인은 없다』. 한스미디어, 2019.

레이첼 나오미 레멘, 『할아버지의 기도』. 문예출판사, 2018.

조제프 앙투안 투생 디누아르, 『침묵의 기술』. ㈜북이십일, 2016.

제2부

'고령자 고용동향'. 고용노동부, 2021.

'2020년 인구주택 총 조사'. 통계청, 2021.

'노후 준비방법'. 통계청 사회통계기획과, 2021.

'노후 4층연금제도의 활용'. 국민연금관리공단, 2021.

하이더 와라이치, 『죽는 게 두렵지 않다면 거짓말이겠지만』. 부키, 2018.

유튜브, TED Talk, 애덤 그랜트, 'Originals'. 2016. 10.

알프레드 아들러, 『아들러 심리학 입문』. 스타북스, 2020.

버나드 오티스, 『품위 있게 나이 드는 법』. ㈜우리교육, 2020.

유튜브, TED Talk, 세릴 하야시, '거미의 놀라운 세계'. 2010. 2.

보건복지부 질병관리본부, 보도참고자료. 바이러스분석과, 2020. 2.

에드워드 홀, 『숨겨진 차원』. 한길사, 2002. 2.

'기후변화와 연안 재해 심포지엄' 발표 자료. 한국해양수산개발원, 2018. 7.

'날씨학 개론'. YTN 사이언스, 2020. 5.

'더 센놈 고대 바이러스가 온다'. 《시사저널》 1637호, 2021. 2. 27.

다비드 구트만, 『나는 별일 없이 늙고 싶다』. 청아출판사, 2016.

시미 이치로·고가 후미타케, 『미움받을 용기』. 2015. 12.

조던 B. 피터슨, 『12가지 인생 법칙: 혼돈의 해독제』. 메이븐, 2019. 8.

도요다 게이치, 『생각과 행동 사이』. 거름, 2013.

클리포드 나스·코리나 옌,『관계의 본심』. 푸른숲, 2010.

마크 아그로닌,『노인은 없다』. 한스미디어, 2019.

《현대 불교신문》, '인욕, 평정심 찾는 것'. 2020. 6. 29.

존 헤네시,『어른은 어떻게 성장하는가』. 부키, 2019.

제3부

캘빈 S. 홀·버논 J. 노드비,『융 심리학 입문』. ㈜문예출판사, 2021.

타샤 튜터,『행복한 사람, 타샤 튜터』. 윌북, 2006.

다비드 구트만,『나는 별일 없이 늙고 싶다』. 청아출판사, 2016.

제프 헤이든,『Small Big』. 리더스북, 2019.

앤절라 더크워스,『GRIT』. 비즈니스 북스, 2016.

《대전일보》, '故 정심화 이복순 여사 28주기 추모식 거행'. 2020. 8. 9.

로버트 치알디니,『설득의 심리학』. ㈜북21, 2004.

윤홍균,『자존감 수업』. 심플라이프, 2020.

최장원, '노인의 자원봉사활동 참여 동기가 자기확장성에 미치는 영향'. 한국노년
학회, Vol. 39, No. 2, 2019.

시몬 드 보부아르,『노년』. 책세상, 2002.

제4부

정호승,『외로워도 외롭지 않다』. 김영사, 2020.

엘렌 랭어,『늙는다는 착각』. 유노북스, 2022.

레이첼 나오미 레멘,『할아버지의 기도』. 문예출판사, 2018.

셔윈 B. 눌랜드,『사람은 어떻게 죽음을 맞이하는가』. 세종서적, 2016.

위키백과, '엔딩 노트', 2011.

《중앙일보》, '아빠의 해피엔드 스토리 : 엔딩 노트'. 2014. 11. 6.

하이더 와라이치,『죽는 게 두렵지 않다면 거짓말이겠지만』. 부키, 2018.

이명희, '노인의 심리·정서관련 변인과 삶의 질에 대한 메타분석'. 한국 콘텐츠학
회, Vol. 19, No.9 , 2019.

오늘도 100명의 애인을
만나러 갑니다

내일 맑음

김민홍 지음

어느 치유자의 삶을 통해
앞으로 우리가 겪을 수도 있는
고통의 순간에 나침반이 되어
따뜻한 위로를 전해주는 찬